高等学校文科教材

河北省高等学校人文社会科学类青年拔尖人才项目
“中国古典文献学本科阶段的思政探索与教学实践研究”（项目编号：BJS2023060）研究成果

古典文献名篇选读

赵 嘉 都刘平 马燕鑫 编著

河北大学出版社
·保定·

古典文献名篇选读

GUDIAN WENXIAN MINGPIAN XUANDU

出 版 人：马　力
封面题字：赵一宁
责任编辑：郝　健
装帧设计：杨艳霞
责任校对：牟　霖
责任印制：常　凯

图书在版编目（CIP）数据

古典文献名篇选读 / 赵嘉，都刘平，马燕鑫编著．保定：河北大学出版社，2025．6．-- ISBN 978-7-5666-2273-0

Ⅰ．Z422

中国国家版本馆 CIP 数据核字第 2025PW4467 号

出版发行：河北大学出版社
地址：河北省保定市七一东路 2666 号　邮编：071000
电话：0312-5073019　0312-5073029
邮箱：hbdxcbs@163.com　网址：www.hbdxcbs.com
印　　刷：涿州市般润文化传播有限公司
幅面尺寸：170 mm × 240 mm
印　　张：10
字　　数：139 千字
版　　次：2025 年 6 月第 1 版
印　　次：2025 年 6 月第 1 次印刷
书　　号：ISBN 978-7-5666-2273-0
定　　价：60.00 元

编写说明

我国历史上的古典文献名篇数量丰富，历久弥新，不仅蕴含着深刻的专业知识，更凝聚了千百年来可贵的优秀传统文化，是值得精读学习的，同时也是对文献学专业学生巩固扩展专业知识的补充。

本书按照经、史、子、集四个部类选文编排，先以概说对每类文献做总体介绍，再附一篇《四库全书总目》相应大类叙，之后每类选择若干篇，共计文献 28 种。概说分别对经、史、子、集四部的源流变化进行了概括，起到了“辨章学术、考镜源流”的作用。每篇选文分背景介绍、文本分析两个部分，或介绍经典的成书历史、价值，或介绍作者的生平事迹，或介绍选文的背景，具有“工具性”和“导读性”。选文多取原书序文，原因在于古典文献的序文通常具有开宗明义的特点，能够集中地体现出一书的价值和特征。

如何从纷繁复杂的文献典籍中选取适合的文本阅读？如何有效系统地对传统文献有一个简单整体的认识？本书从文献学的视角阐释这些内容丰富的文献，为文献学专业的学生提供了一本简便易得的基础知识读本，有助于其较为有效率地了解文献学的特点及内涵。在文本的选择上注重掌握文本的专业性和难易度的平衡，避免重复，突出特点。

本书可作为高等学校文科教材。

目　　录

第一章　经部文献

经部文献概说

在我国传统文献中，经部文献是最为重要的一类，位居经、史、子、集四部文献之首。经部文献并不是根据该部类书籍的内容而设，而是根据其在社会文化中所占据的特殊地位而设。经，顾名思义，就是经典，指的是那些至高无上、垂训万世的典籍。因此，由这些经典书籍组成的经部，必然在古代各种书籍分类法中占据最为重要的地位，同时也享有最为崇高的地位。

汉初统治者吸取秦朝暴政亡国的教训，采取了与民休息的政策，也出现了史称“文景之治”的盛世局面。在国家力量逐渐强大以后，汉武帝对内实行“推恩令”，使得拥有王国而治的诸侯权势渐弱，难与中央政府抗衡；而对外则大力开疆拓土，力图维护边境安定，并使匈奴南向称臣于汉，大一统的局面在汉武帝的运筹帷幄下成为不可逆转的趋势。国家疆土统一之际，思想意识形态也要统一，在先秦诸子各家各派学说争奇斗艳的竞赛中，汉武帝最终选择了儒家思想作为官方的意识形态，摒弃了先前为了休养生息而一直尊奉的黄老之说。

儒家思想之所以得到青睐，很重要的原因是儒家在经典传承方面做出了突出的贡献，并将这些经典按照儒家思想加以阐释，建立了较为完善的且符合统治需要的思想体系。先秦时期的主要典籍，包括政府的文书《尚书》，周代贵族卜筮之书《周易》，记录列国历史的《春秋》，官方所纂辑的贵族与平民的诗歌总集《诗经》，记录周代礼仪规范的《仪礼》，记录周代官制的《周礼》以及阐释《仪礼》旨意的《礼记》，等等。这些典籍大多经过孔子的整理，因此，不论是典籍本身还是与典籍相关的记录中，都多多少少带上了儒家的印记。进入汉代，当汉武帝选择了儒家思想作为官方意识形态之后，儒家所尊奉的经典也就成了官方所尊奉的经典。

五经在汉代的地位是比较稳固的，但到了魏晋南北朝时期，因为玄学的发展与佛学的传入，儒家经书在国家政治层面的影响力日渐减小，而具有较强实践性的礼学则兴盛起来。礼学之所以兴盛，是因为魏晋南北朝是一个门阀社会时期，大家族、大门阀为了显示自己的地位，拉开与普通门第的差距，都十分愿意搞那些繁文缛节来彰显自己高贵的品位。因此，作为三礼之二的《周礼》与《仪礼》开始进入官学系统中，成为士人研习的经典。经过三国与西晋、东晋之后，到南朝宋时，官学正式确立了十经，即《周易》《尚书》《毛诗》《礼记》《周礼》《仪礼》《礼记》《公羊传》《谷梁传》《左传》，外加《论语》《孝经》作为一经，总共十经。这一次经书范围的确定，成为后世确立经书范围的主要依据。

经历魏晋南北朝的颠簸与浮沉，到了隋唐时期，国家重新恢复到大一统，恢复文教、设科取士成为朝廷一项重要的任务。大约在唐太宗李世民刚登基不久，官方就颁布了最新的经书目录，包括《周易》《古文尚书》《毛诗》《周礼》《仪礼》《礼记》《左传》《公羊传》《谷梁传》这九经，另外加上《论语》《孝经》《尔雅》等书，经书范围进入“九经时代”。唐代之所以这么迅速地确定经书目录，是因为经书范围的确定直接关系参加科举考试的读书人从小所读的书的种类。但是，一旦官方规定了唯一正确的结论之后，大家不论有什么别的想法，也不能随意发挥，只能遵照教科书上的讲法来讲，这样一来，经书的阐释也就逐渐走向僵化，丧失了经学作为一种学问应该具有的生命力。

到了北宋建立之后，王安石在熙宁变法的各项变革中，也特意对经书的范围和科举考试的方法做了重大的改革。他认为，此时的社会缺乏的不是仅能明白书本内容的人，而是能够以经书所讲的道理为依据，提出关于当下社会改革思路与措施的人。王安石的这一想法得到了神宗皇帝的全力支持，因此，王安石对官定经书目录进行了大刀阔斧的改革，将《春秋》这种只记事实而无可发挥的书排除出经典范围之外，而重新重视《周礼》这一在典章制度方面具有借鉴意义的经书，从而拟定了新的五经，即《周易》《尚书》《毛诗》《周礼》《礼记》。除此之外，他还大力提升《孟子》一书的地位，使其从一本诸子之书一跃而成为兼经。从此，宋代开始实行正经与兼经的制度。而不论是正经还是兼经，在考试的时候再也不必依照某一家的解释来回答题目，而是可以采用任何一家的说法，甚至可以表达自己的说法和观点。王安石的做法为已经趋于僵化的官方经学注入了新的活力，这也是他改革最富有成效的领域之一。

后来，王安石富有个性的五经范围最终被打破，《春秋》这部经书经过一番波折，最终重新回到经书的大家庭，由此也就形成了南宋《周易》《尚书》《诗经》《周礼》《礼记》《春秋》六经的局面。当然，除了六经之外，《论语》和《孟子》作为兼经的地位也彻底落实下来，即使还有学者质疑《孟子》的经书身份，也无妨《孟子》得到官方与民间知识群体的广泛认可。

入元以后，南宋六经中的《周礼》又被排挤出去了，其中的原因，一方面，是《周礼》太脱离现实，没有什么可资借鉴的内容；另一方面，则是《周礼》的内容是周朝的官员设置与职掌，而这样的内容本身就决定了它与个体的教化和心性的辨析没有多大的关系。南宋以来，以朱熹和陆九渊为代表的理学家，已经将儒家的性理学说推广至整个社会，而与此关联不大的《周礼》自然难免失掉它曾经的辉煌地位。

明代以后，四书五经的格局彻底建立起来，五经还是汉代的五经，即《周易》《尚书》《诗经》《礼记》《春秋》，而四书则是《论语》《孟子》《中庸》《大学》。四书一下子跑到了五经的前面，成为士人的必读书，而五经转而式微。

四书五经的格局一直持续到清末。但在官方以外的知识分子群体中，从南宋开始就有人注意到，先秦流传下来的典籍在理学的冲击下，有些已经湮没不传，濒临断绝，若不及时保护，恐怕以后难再得见。就在这样的意识指引下，一直到明代中期，终于有了第一套《十三经注疏》的汇刻出现。相对于四书五经，《十三经注疏》集合了自唐以来的历代官定经书，也引领了一批学者重新关注宋代之前的经书与经学。一直到现在，《十三经注疏》都是研究经学史和中国古代学术必不可少的重要典籍。

《四库全书总目·经部总叙》

经禀圣裁，垂型万世，删定之旨，如日中天，无所容其赞述，所论次者，诂经之说而已。自汉京以后垂二千年，儒者沿波，学凡六变。其初专门授受，递禀师承，非惟诂训相传，莫敢同异，即篇章字句，亦恪守所闻，其学笃实谨严，及其弊也拘。王弼、王肃稍持异议，流风所扇，或信或疑，越孔、贾、啖、赵以及北宋孙复、刘敞等，各自论说，不相统摄，及其弊也杂。洛闽继起，道学大昌，摆落汉唐，独研义理，凡经师旧说，俱排斥以为不足信，其学务别是非，及其弊也悍（如王柏、吴澄攻驳经文，动辄删改之类）。学脉旁分，攀缘日众，驱除异己，务定一尊，自宋末以逮明初，其学见异不迁，及其弊也党（如《论语集注》误引包咸、夏瑚、商琏之说，张存中《四书通证》即阙此一条以讳其误。又如王柏删《国风》三十二篇，许谦疑之，吴师道反以为非之类）。主持太过，势有所偏，才辨聪明，激而横决，自明正德、嘉靖以后，其学各抒心得，及其弊也肆（如王守仁之末派皆以狂禅解经之类）。空谈臆断，考证必疏，于是博雅之儒引古义以抵其隙。国初诸家，其学征实不诬，及其弊也琐（如一字音训动辨数百言之类）。要其归宿，则不过汉学、宋学两家互为胜负。夫汉学具有根柢，讲学者以浅陋轻之，不足服汉儒也。宋学具有精微，读书者以空疏薄之，亦不足服宋儒也。消融门户之见而各取所长，则私心祛而公理出，公理出而经义明矣。盖经者非他，即天下之公理而已。今参稽众说，务取持平，各明去取之故，分为十类：曰易，曰书，曰诗，曰礼，曰春秋，曰孝经，曰五经总义，曰四书，曰乐，曰小学。

【选文说明】

本章选文《进五经正义表》《尚书正义序》《诗集传序》《论语集解序》《经典释文序》，共 5 篇。其中，《进五经正义表》属于经部五经总义类，《尚书正义》属于经部书类，《诗集传》属于经部诗类，《论语集解》属于经部四书类，《经典释文》属于经部小学类。

一、《进五经正义表》

【背景介绍】

五经指五部儒家经典，即《易》《书》《诗》《礼》《春秋》。

《五经正义》是唐代孔颖达等奉敕编写的经书义疏著作。唐太宗倡儒学："朕所好者，惟在尧舜之道，周礼之教，以为如鸟有翼，如鱼依水，失之必死，不可暂无耳"，"学者将植，不学者将落"。贞观年间，太宗诏孔颖达、颜师古、王恭诸儒撰五经义训，永徽四年（653）以《五经正义》颁行天下。书成之后，由长孙无忌撰《进五经正义表》。

孔颖达等受命编定《五经正义》，历三十余年，参与者先后有五十余人。其《周易》用魏王弼、晋韩康伯注，《尚书》为晋梅赜本、汉孔安国传，《诗经》为汉毛亨传、郑玄笺，《礼记》用郑玄注，《左传》采晋杜预注。各经多据两汉以来注疏删定而成，"事必以仲尼为宗"，"去其华而取其实，欲使信而有征"。

【正文】

臣无忌等言：臣闻混元初辟，三极之道分焉；醇德既醨，六籍之文著矣。于是龟书浮于温洛，爰演九畴；龙图出于荣河，以彰八卦。故能范围天地，埏埴阴阳，道济四溟，知周万物。所以七教八政，垂炯诫于百王；五始六虚，贻徽范于千古。咏歌明得失之迹，雅颂表兴废之由。实刑政之纪纲，乃人伦之隐括。昔云官司契之后，火纪建极之君，虽步骤不同，质文有异，莫不开兹胶序，乐以典坟，敦稽古以宏风，阐儒雅以立训，启含灵之耳目，赞神化之丹青。姬孔发挥于前，荀孟抑扬于后。马郑迭进，成均之望郁兴；萧戴同升，石渠之业愈峻。历夷险其教不坠，经隆替其道弥尊。斯乃邦家之基，王化之本者也。伏惟皇帝陛下得一继明，通三抚运，乘天地之正，齐日月之晖。敷四术而纬俗经邦，蕴九德而辨方轨物。御紫宸而访道，坐元扆以裁仁。化被丹泽，政洽幽陵。三秀六穗之祥，府无虚月；集囿巢阁之瑞，史不绝书。照金镜而泰阶平，运玉衡而景宿丽。可谓鸿名轶于轩昊，茂绩冠于勋华。而垂拱无为，游心经典，以为圣教幽赜，妙理深元，训诂纷纶，文疏踳驳。先儒竞生别见，后进争出异端，未辨三豕之疑，莫祛五日之惑。故祭酒上护军曲阜县开国子孔颖达，宏才硕学，名振当时，贞观年中，奉敕修撰。虽加讨核，尚有未周，爰降丝纶，更令刊定。敕太尉扬州都督监修国史上柱国赵国公臣无忌，司空上柱国英国公臣勣，尚书左仆射兼太子少师监修国史上柱国燕国公臣志宁，尚书右仆射兼太子少傅监修国史上护军曲阜县开国公臣行成，光禄大夫侍中兼太子少保监修国史上护军蓨县开国公臣季辅，光禄大夫吏部尚书监修国史上柱国河南郡开国公臣褚遂良，银青光禄大夫守中书令监修国史上骑都尉臣柳奭，前谏议大夫弘文馆学士臣谷那律，国子博士弘文馆学士臣刘伯庄，朝议大夫国子博士臣王德韶，朝散大夫行太学博士臣贾公彦，朝散大夫行太学博士弘文馆直学士臣范义頵，朝散大夫行太常博士臣柳宣通，直郎太学博士臣齐威，宣德郎守国子助教臣史士宏，宣德郎守太学博士臣孔志约，右内率府长史弘文馆直学士臣薛伯珍，太学助教臣郑祖元，征事郎守太学助教臣随德素，征事郎守四门博士臣赵君赞，承务郎守太学助教臣周元达，承务郎守四门助教臣李元植，儒林郎守四门助教臣王真儒等，上禀宸旨，傍摭群书，释左氏之膏肓，翦古文之烦乱，探曲台之奥趣，索连山之元言，囊括百家，森罗万有。比之天象，与七政而长悬；方之地轴，将五岳而永久。笔削已了，缮写如前。臣等学谢伏恭，业惭张禹，虽罄庸浅，惧乖典正，谨以上闻，伏增战越。谨言。

永徽四年二月二十四日，太尉扬州都督上柱国公臣无忌等上。

【文本分析】

自东汉末年以后，战乱四起，儒家经典散佚，文理乖错。魏晋南北朝时期，国家长期分裂，经学也逐渐形成了南学、北学之争。再加上儒学内部宗派林立，各承师说，互诘不休，经学研究出现一派混乱局面。唐建立以后，亟须整顿混乱的经学，由朝廷出面撰修、颁布统一经义的经书。

《五经正义》撰成于贞观十六年（642），太宗下诏曰："卿皆博综古今，义理该洽，考前儒之异说，符圣人之幽旨，实为不朽。"《五经正义》编成后，唐太宗虽给予很高的评价，并欲施行，但有太学博士马嘉运撰文，指出《五经正义》颇多繁杂，还有类似"彼此互异""曲徇注文""杂引谶纬"，甚至沿袭隋人旧说、不作甄别等问题。永徽二年（651 年，孔颖达去世后 3 年），朝廷诏中书门下与国子三馆博士、弘文馆学士考正之，于是，尚书左仆射于志宁、右仆射张行成和侍中高季辅就加增损，后又经马嘉运校定，长孙无忌、于志宁等再加增损，于唐高宗永徽四年（653）颁行。

二、《尚书正义序》

【背景介绍】

《尚书》，又称《书》或《书经》，是中国第一部古典文集和最早的历史文献，以记言为主。自尧舜到夏商周，跨越两千余年，是《三坟五典》的可考记录。《尚书》列为儒家经典之一，“尚”即“上”，《尚书》就是上古的书，它是中国上古历史文献和部分追述古代事迹著作的汇编。从晋代以后，所谓的《尚书》是指《今文尚书》（二十八篇）、《古文尚书》（二十五篇）的合编，但这里面的“古文尚书”已经不是汉代的“古文尚书”，而是魏晋时期人造的伪书，清代阎若璩《尚书古文疏证》一书问世后，“古文尚书”是伪书已成为定案。

孔颖达（574—648），字仲达，一作仲远、冲远，冀州衡水（今河北省衡水市）人，孔子第三十二代嫡孙，唐代经学家。他自幼博览经传，曾受业于刘焯。后来他投靠李世民，成为文学馆学士。李世民即位为帝后，他历任国子司业、国子祭酒等职，并长期在国子监讲经。他曾受诏主编《五经正义》、编撰《隋书》，此外著有《孝经义疏》。

【正文】

《尚书正义序》

夫《书》者，人君辞诰之典，右史记言之策。古之王者，事总万机，发号出令，义非一揆：或设教以驭下，或展礼以事上，或宣威以肃震曜，或敷和而散风雨。得之则百度惟贞，失之则千里斯谬。枢机之发，荣辱之主，丝纶之动，不可不慎。所以辞不苟出，君举必书，欲其昭法诫，慎言行也。其泉源所渐，基于出震之君；黼藻斯彰，郁乎如云之后。勋、华揖让而典、谟起，汤、武革命而誓、诰兴。先君宣父，生于周末，有至德而无至位，修圣道以显圣人，芟烦乱而翦浮辞，举宏纲而撮机要，上断唐虞，下终秦鲁，时经五代，书总百篇。采翡翠之羽毛，拔犀象之牙角。罄荆山之石，所得者连城；穷汉水之滨，所求者照乘。巍巍荡荡，无得而称；郁郁纷纷，于斯为盛。斯乃前言往行，足以垂法将来者也。暨乎七雄已战，五精未聚，儒雅与深阱同埋，经典共积薪俱燎。汉氏大济区宇，广求遗逸，采古文于金石，得今书于齐鲁。其文则欧阳、夏侯二家之所说，蔡邕碑石刻之。古文则两汉亦所不行，安国注之，实遭巫蛊，遂寝而不用。历及魏晋，方始稍兴，故马、郑诸儒莫睹其学，所注经传时或异同。晋世皇甫谧独得其书，载于帝纪，其后传授乃可详焉。但古文经虽然早出，晚始得行，其辞富而备，其义弘而雅，故复而不厌，久而愈亮，江左学者，咸悉祖焉。近至隋初，始流河朔，其为正义者，蔡大宝、巢猗、费甝、顾彪、刘焯、刘炫等。其诸公旨趣，多或因循帖释注文，义皆浅略，惟刘焯、刘炫最为详雅。然焯乃织综经文，穿凿孔穴，诡其亲见，异彼前儒，非险而更为险，无义而更生义。窃以古人言诰，惟在达情，虽复时或取象，不必辞皆有意。若其言必托数，经悉对文，斯乃鼓怒浪于平流，震惊飙于静树，使教者烦而多惑，学者劳而少功。过犹不及，良为此也。炫嫌焯之烦杂，就而删焉。虽复微稍省要，又好改张前义，义更太略，辞又过华，虽为文笔之善，乃非开奖之路。义既无义，文又非文，欲使后生若为领袖，此乃炫之所失，未为得也。今奉明敕，考定是非，谨罄庸愚，竭所闻见，览古今之传记，质近代之异同，存其是而去其非，削其烦而增其简。此非敢臆说，必据旧闻。谨与朝散大夫行太学博士臣王德韶、前四门助教臣李子云等，谨共铨叙。至十六年，又奉敕与前修疏人及通直郎行四门博士骁骑尉臣朱长才、给事郎守四门博士上骑都尉臣苏德融、登仕郎守太学助教云骑尉臣随德素、儒林郎守四门助教云骑尉臣王士雄等、对敕使赵弘智，覆更详审，为之正义，凡二十卷。庶对扬于圣范，冀有益于童稚。略陈其事，叙之云尔。

【文本分析】

《尚书》大约在先秦就有定本，《论语·述而篇》说："子所雅言，诗、书、执礼，皆雅言也。"可知早在春秋时代孔子就把《尚书》作为儒家讲习的主要课本。《庄子·天下篇》也说："《诗》《书》《礼》《乐》者，邹鲁之士，缙绅先生，多能明之。"证明先秦的一些知识分子读过《尚书》。政事史料的篇目本来很多，汉代的《纬书》说有3240篇，《汉书·艺文志》记载孔子删为100篇。这个百篇本就是《尚书》的最早选本。到了汉代，《尚书》的选本主要有两个，一个是今文本，一个是古文本。

今文本《尚书》由伏胜传授。伏胜，史籍多称为"伏生"，"生"是古代对有学问的人的尊称。《史记·儒林传》说："秦时焚书，伏生壁藏之。其后兵大起，流亡。汉定，伏生求其书，亡数十篇，独得二十九篇，即以教于齐鲁之间。"伏生曾经担任秦的博士，他的《尚书》是秦王朝的官方定本。伏生讲授时是采用当时通行的隶书写的，所以叫今文《尚书》。又因为这个隶书写定本是伏生传授的，也称"伏生本"。

汉代《尚书》的另一个本子是古文本《尚书》。《汉书·艺文志》记载，汉武帝末年，分封在孔子家乡的鲁恭王刘余在拆除孔子住宅时发现了一部《尚书》，共有45篇。因为这部《尚书》是用先秦古文字写的，所以叫作古文《尚书》，又因为这个本子是在孔子住宅的墙壁中发现的，也叫作"孔壁本"或"壁中本"。当时，孔子的十一世孙孔安国对这部古文《尚书》进行研究，他发现45篇中有29篇和"伏生本"基本相同，另外多出了16篇。孔安国用隶古字写定，送到官府。孔安国又作了传，但因巫蛊事件不得奏上，只是私自传授，在民间流传。

西汉传授伏生今文《尚书》的主要是欧阳高、夏侯胜和夏侯建三家。《汉书·艺文志》记载，汉成帝河平三年（前26），刘向曾用皇室书库所藏的古文《尚书》对照欧阳和大、小夏侯三家经文，发现仅有七百多字不相同，脱了六七十个字。可见，两个版本的差异并不算大。

今文《尚书》在汉代始终立于学官，因而今文《尚书》一直是官方规定的标准读本。古文《尚书》只在民间传习，虽在西汉末年经刘歆力争立于学官，但东汉初年又被取消了。后来，经杜林、贾逵、马融、郑玄等著名学者的提倡，逐渐在学术界取得了优势，到了魏文帝曹丕时，古文《尚书》又重新得到国家承认成为官学。西晋"永嘉之乱"，今文《尚书》失传，剩下就只有古文《尚书》了。南北朝时，古文《尚书》仍然盛行，到了隋唐，又竟被伪古文《尚书》取而代之了。

三、《诗集传序》

【背景介绍】

《诗集传》是宋代朱熹的《诗经》研究著作。《诗经》是中国最早的诗歌总集，对后代诗歌发展有深远的影响，成为古典文学现实主义传统的源头。《宋史·艺文志》著录20卷，今本8卷。《诗集传》现存两部宋刻本，都不全，其一藏北京图书馆，另一部原系杭州丁氏八千卷楼藏书，残存8卷。元刻本亦存两部，其一藏国家图书馆，另一部现存台湾。明清刻本较多。《四部丛刊三编》有影印宋刊本《诗集传》20卷，尚可见原书面貌。通行的有1958年中华书局上海编辑所排印本。

朱熹（1130—1200），行五十二，小名沋郎，小字季延，字元晦，一字仲晦，号晦庵，晚称晦翁，又称紫阳先生、考亭先生、沧州病叟、云谷老人、逆翁。谥文，又称朱文公。祖籍南宋江南东路徽州府婺源县（今江西省上饶市婺源县），出生于南剑州尤溪（今属福建省三明市尤溪县）。南宋著名的理学家、思想家、哲学家、教育家、诗人，闽学派的代表人物。世称朱子，是孔子、孟子之后最杰出的弘扬儒学的大师。

【正文】

《诗集传序》

或有问于余曰："诗何谓而作也?"余应之曰："'人生而静，天之性也；感于物而动，性之欲也。'夫既有欲矣，则不能无思；既有思矣，则不能无言；既有言矣，则言之所不能尽而发于咨嗟咏叹之余者，必有自然之音响节奏，而不能已焉。此诗之所以作也。”

曰：“然则其所以教者，何也?”曰：“诗者，人心之感物而形于言之余也。心之所感有邪正，故言之所形有是非。惟圣人在上，则其所感者无不正，而其言皆足以为教。其或感之之杂，而所发不能无可择者，则上之人必思所以自反，而因有以劝惩之，是亦所以为教也。昔周盛时，上自郊庙朝廷，而下达于乡党闾巷，其言粹然无不出于正者。圣人固已协之声律，而用之乡人，用之邦国，以化天下。至于列国之诗，则天子巡狩，亦必陈而观之，以行黜陟之典。降自昭、穆而后，浸以陵夷，至于东迁，而遂废不讲矣。孔子生于其时，既不得位，无以行帝王劝惩黜陟之政，于是特举其籍而讨论之，去其重复，正其纷乱；而其善之不足以为法，恶之不足以为戒者，则亦刊而去之；以从简约，示久远，使夫学者即是而有以考其得失，善者师之，而恶者改焉。是以其政虽不足行于一时，而其教实被于万世，是则诗之所以为教者，然也。”

曰：“然则国风、雅、颂之体，其不同若是，何也?”曰：“吾闻之，凡诗之所谓风者，多出于里巷歌谣之作。所谓男女相与咏歌，各言其情者也。惟《周南》《召南》亲被文王之化以成德，而人皆有以得其性情之正，故其发于言者，乐而不过于淫，哀而不及于伤，是以二篇独为风诗之正经。自《邶》而下，则其国之治乱不同，人之贤否亦异，其所感而发者，有邪正是非之不齐，而所谓先王之风者，于此焉变矣。若夫雅颂之篇，则皆成周之世，朝廷郊庙乐歌之词，其语和而庄，其义宽而密；其作者往往圣人之徒，因所以为万世法程而不可易者也。至于雅之变者，亦皆一时贤人君子，闵时病俗之所为，而圣人取之。其忠厚恻怛之心，陈善闭邪之意，犹非后世能言之士所能及之。此《诗》之为经，所以人事浃于下，天道备于上，而无一理之不具也。”

曰：“然则其学之也，当奈何?”曰：“本之二《南》以求其端，参之列国以尽其变，正之于雅以大其规，和之于颂以要其止，此学诗之大旨也。于是乎章句以纲之，训诂以纪之，讽咏以昌之，涵濡以体之。察之情性隐约之间，审之言行枢机之始，则修身及家、平均天下之道，其亦不待他求而得之于此矣。”

问者唯唯而退。余时方集《诗传》，因悉次是语以冠其篇云。

淳熙四年丁酉冬十月戊子新安朱熹书。

【文本分析】

朱熹撰写的《诗集传》二十卷（后人并为八卷），是宋以后《诗经》的重要注本之一。他杂采《毛诗》《郑笺》及齐、鲁、韩三家之说，而以己意为取舍，旨在探求《诗经》本义。这样，就使他的“传”打破了《毛诗序》的迷信，在理解上另辟蹊径。同时兼顾训诂与剖析义理，而以剖析义理为主，在阐释诗义上多所发明。这篇序文抓住有关《诗经》研究的几个关键问题，阐明了自己的观点。

《诗集传》对注《诗》体例做了一些改革。第一，朱熹将每首诗前的《毛诗序》归并到一起，放在全书末尾，这就是后来单独成书的《诗序辨说》。撤去《毛序》后，他并没有像其他反《序》派学者那样，将自己的序放在每首诗前，而是将自己对全篇诗旨的分析置于每首诗第一章下面串讲章句的文字中。这样安排，体现了他要求读者熟读文本、即文求义，不要受任何注解（包括朱熹的注）影响的读诗方法，是十分切实的。第二，朱熹在每首诗的韵脚上（或者他认为是韵脚的地方）增注了叶（音 xié）韵。叶韵是将原来读音不押韵的字改为另一个音，以求押韵，这并不符合上古音的实际情况。不过朱熹增注叶韵的意图是“只要音韵相叶，好吟哦讽诵，易见道理，亦无甚要紧”（《朱子语类》卷八十）。可见他认为叶韵只是便于朗朗上口，是否符合古音则无关紧要了。这跟他以声得解、讽咏得义的主张有关，后人评价其叶韵说时，应当注意这一点。此外，朱熹在每首诗每一章下，都增标赋、比、兴。与《毛传》的单标兴体和只标首章的做法相比，这就更好地揭示了《诗经》艺术手法中的区别和联系，是《诗经》注疏史上的创新。第三，朱熹突破了《毛诗正义》"疏不破注"体例的冗长烦琐，借鉴《毛传》的方法，直接注经，引文不标明出处，省去许多文字。在章与章、篇与篇、《诗》与他书之间，凡关系密切而意思可省处均予省略，并注明互见体例，既简练扼要，又显得眉目清楚，较《毛传》更进一步。不过，他的注释有时过分简略，致使语意不明，不标出处的做法有时也容易引起歧义。

四、《论语集解序》

【背景介绍】

《论语》一书以记载孔子及孔门弟子的言行为主，而《论语集解》是现存最早的关于《论语》的注释之作，由三国魏何晏领衔主编，孙邕、郑冲、曹羲、荀顗四人参与其事，博采自汉迄魏间孔安国、马融、包咸、周氏、郑玄、陈群、王肃、周生烈八家之说，原为十卷，后人又按《论语》篇次厘为二十卷。

何晏（？—249），三国魏南阳宛人，字平叔。何进孙，曾随母为曹操收养。少以才秀知名。娶魏公主。美姿容，面白，人称“傅粉何郎”。齐王芳正始中，曹爽辅政，累官散骑侍郎、尚书，典选举，晋人傅咸谓其所用官吏皆能称职。赐爵列侯。坐曹爽同党，为司马懿所杀。好《老》《庄》，援老入儒，其说以“贵无”为本。与夏侯玄、王弼等倡玄学，事清谈，形成一时风气。撰有《论语集解》等。

【正文】

《论语集解序》

叙曰：汉中垒校尉刘向言《鲁论语》二十篇，皆孔子弟子记诸善言也。太子太傅夏侯胜、前将军萧望之、丞相韦贤及子玄成等传之。《齐论语》二十二篇，其二十篇中章句颇多于《鲁论》。琅邪王卿及胶东庸生、昌邑中尉王吉皆以教授。故有《鲁论》，有《齐论》。鲁共王时，尝欲以孔子宅为宫，坏，得《古文论语》。《齐论》有《问王》《知道》，多于《鲁论》二篇。《古论》亦无此二篇，分《尧曰》下章“子张问”以为一篇，有两《子张》，凡二十一篇。篇次不与《齐》《鲁论》同。安昌侯张禹本受《鲁论》，兼讲《齐说》，善者从之，号曰“张侯《论》”，为世所贵。包氏、周氏《章句》出焉。《古论》唯博士孔安国为之训解，而世不传，至顺帝时，南郡太守马融亦为之训说。汉末，大司农郑玄就《鲁论》篇章考之《齐》《古》，为之注。近故司空陈群、太常王肃、博士周生烈皆为《义说》。前世传授师说，虽有异同，不为训解，中间为之训解，至于今多矣。所见不同，互有得失。今集诸家之善，记其姓名，有不安者，颇为改易，名曰《论语集解》。光禄大夫关内侯臣孙邕、光禄大夫臣郑冲、散骑常侍中领军安乡亭侯臣曹羲、侍中臣荀𫖮、尚书驸马都尉关内侯臣何晏等上。

【文本分析】

何晏所撰《论语集解》有黎庶昌《古逸丛书》影印日本正平刻本、《四部丛刊》影印正平本、日本足利学校活字印本，均为十卷；又有明代永怀堂本，为二十卷；另有皇侃、邢昺注本，分别题为《论语义疏》和《论语正义》，邢注今存众本多题为《论语注疏解经》。《集解》主要编撰者何晏为玄学创始者，《集解》亦稍有玄学思想倾向。例如《论语·雍也篇》“仁者乐山”句下，何晏解云：“仁者乐如山之安固，自然不动，而万物生焉。”将“仁者乐山”与玄学“自然无为”之说联系起来。不过《集解》广泛选录孔安国、马融、包咸、周氏、郑玄、陈群、王肃、周生烈等人关于《论语》的解释，玄学思想倾向并不十分强烈，为后代多数儒者所信从。在南朝隋唐时期立于学官，在唐代以后亦备受重视。

五、《经典释文序》

【背景介绍】

《经典释文》是解释儒家经典文字音义的作品，唐代陆德明撰，凡三十卷。首为《序录》，主要说明该书的内容安排和经学的传授源流。次《周易》一卷，《古文尚书》二卷，《毛诗》三卷，《周礼》二卷，《仪礼》一卷，《礼记》四卷，《春秋左氏传》六卷，《公羊传》一卷，《谷梁传》一卷，《孝经》一卷，《论语》一卷，《老子》一卷，《庄子》三卷，《尔雅》二卷。其中因唐代《孟子》尚不为经书，故未收入。而《老子》《庄子》因魏晋以后玄学影响很大，故也收入。

陆德明（约550—630），名元朗，字德明，苏州吴县（今江苏省苏州市）人。因为名字犯讳（宋讳），后世多以字称之。历仕陈、隋、唐。经学家、训诂学家，"秦王府十八学士"之一。著有《周易注》《周易兼义》《易释文》等。两《唐书》有传。

【正文】

《经典释文序》

夫书音之作，作者多矣，前儒撰著，光乎篇籍，其来既久，诚无间然；但降圣已还，不免偏尚，质文详略，互有不同。汉魏迄今，遗文可见，或专出己意，或祖述旧音，各师成心，制作如面，加以楚夏声异，南北语殊，是非信其所闻，轻重因其所习，后学钻仰，罕逢指要。夫筌蹄所寄，唯在文言，差若毫厘，谬便千里。夫子有言："必也正名乎。名不正，则言不顺；言不顺，则事不成。故君子名之必可言也，言之必可行也。”斯富哉言乎，大矣，盛矣，无得而称矣！然人禀二仪之淳和，含五行之秀气，虽复挺生天纵，必资学以知道，故唐尧师于许由，周文学于虢叔，上圣且犹有学，而况其余乎！至于处鲍居兰，玩所先入，染丝斫梓，功在初变，器成采定，难复改移，一薰一莸，十年有臭，岂可易哉！岂可易哉！余少爱坟典，留意艺文，虽志怀物外，而情存著述，粤以癸卯之岁，承乏上庠，循省旧音，苦其太简，况微言久绝，大义愈乖，攻乎异端，竞生穿凿。不在其位，不谋其政，既职司其忧，宁可视成而已？遂因暇景，救其不逮，研精六籍，采摭九流，搜访异同，校之《仓》《雅》，辄撰集《五典》《孝经》《论语》及《老》《庄》《尔雅》等音，合为三帙三十卷，号曰“经典释文”。古今并录，括其枢要；经注毕详，训义兼辩；质而不野，繁而非芜。示传一家之学，用贻后嗣，令奉以周旋，不敢坠失，与我同志，亦无隐焉。但代匠指南，固取诮于博识，既述而不作，言其所用，复何伤乎云尔。

条　例

先儒旧音，多不音注。然注既释经，经由注显，若读注不晓，则经义难明。混而音之，寻讨未易。今以墨书经本，朱字辩注，用相分别，使较然可求。旧音皆录经文全句，徒烦翰墨，今则各标篇章于上，摘字为音，虑有相乱，方复其录；唯《孝经》童蒙始学，《老子》众本多乖，是以二书特记全句。

《五经》人所常习，理有大宗，义行于世，无烦觇缕。至于《庄》《老》，读学者稀，故于此书微为详悉。又《尔雅》之作，本释《五经》，既解者不同，故亦略存其异。

文字音训，今古不同。前儒作音，多不依注，注者自读，亦未兼通。今之所撰，微加斟酌：若典籍常用，会理合时，便即遵承，标之于首；其音堪互用，义可并行，或字存多音，众家别读，苟有所取，靡不毕书，各题姓氏，以相甄识，义乖于经，亦不悉记。其“或音”“一音”者，盖出于浅近，示传闻见，览者察其衷焉。

然古人音书，止为譬况之说。孙炎始为反语，魏朝以降渐繁。世变人移，音讹字替，如徐仙民反“易”为“神石”，郭景纯反“馁”为“羽盐”，刘宗昌用“承”音“乘”，许叔重读“皿”为“猛”，若斯之俦，今亦存之音内，既不敢遗旧，且欲俟之来哲。

书音之用，本示童蒙。前儒或用假借字为音，更令学者疑昧。余今所撰，务从易识。援引众训，读者但取其意义，亦不全写旧文。

典籍之文，虽夫子删定，子思读《诗》，师资已别，而况其余乎？郑康成云：“其始书之也，仓卒无其字，或以音类比方假借为之，趣于近之而已。受之者非一邦之人，人用其乡，同言异字，同字异言，于兹遂生矣。”战国交争，儒术用息，秦皇灭学，加以坑焚，先圣之风，扫地尽矣。汉兴，改秦之弊，广收篇籍，孝武之后，经术大隆，然承秦焚书，口相传授，一经之学，数家竞爽，章句既异，踳驳非一。后汉党人既诛，儒者多坐流废，后遂私行金货，定兰台漆书经字以合其私文，灵帝乃诏诸儒正定《五经》于石碑之上，为古文、篆、隶三体书法，以相参检，树之学门，使天下取则。未盈一纪，寻复废焉。班固云：“后世经传既已乖离，传学者又不思多闻阙疑之义，而务碎义逃难，便词巧说，安其所习，毁所不见，终以自弊，此学者之大患也。”诚哉是言！余既撰音，须定纰谬，若两本俱用，二理兼通，今并出之，以明同异；其泾渭相乱，朱紫可分，亦悉书之，随加刊正；复有他经别本，词反义乖，而又存之者，示博异闻耳。

经籍文字，相承已久，至如“悦”字作“说”，“闲”字为“间”，“智”但作“知”，“汝”止为“女”，若此之类，今并依旧音之。然音书之体，本在假借，或经中过多，或寻文易了，则翻音正字以辨借音，各于经内求之，自然可见。其两音之者，恐人惑故也。

《尚书》之字本为隶古，既是隶写古文，则不全为古字，今宋齐旧本及徐、李等《音》所有古字，盖亦无几；穿凿之徒务欲立异，依傍字部，改变经文，疑惑后生，不可承用。今皆依旧为音，其字有别体，则见之音内，然亦兼采《说文》《字诂》以示同异者也。

《春秋》人名字氏族及地名，或前后互出，或经传更见，如此之类，不可具举。若国异名同，及假借之字，兼相去辽远，不容疏略，皆斟酌折衷，务使得宜。

《尔雅》本释坟典，字读须逐《五经》，而近代学徒好生异见，改音易字，皆采杂书，唯止信其所闻，不复考其本末；且六文八体各有其义，形声会意宁拘一揆？岂必飞禽即须安鸟，水族便应著鱼，虫属要作虫旁，草类皆从两中，如此之类，实不可依。今并校量，不从流俗。

方言差别，固自不同，河北、江南，最为巨异：或失在浮清，或滞于沉浊。今之去取，冀祛兹弊，亦恐还是鷇音，更成无辩。夫质有精粗，谓之好、恶，心有爱憎，称为好、恶；当体即云名誉，论情则曰毁誉；及夫自败、败他之殊，自坏、坏撤之异。此等或近代始分，或古已为别，相仍积习，有自来矣。余承师说，皆辩析之。比人言者，多为一例。如、而靡异，邪、也弗殊，莫辩复、复，宁论过、过，又以登、升共为一韵，攻、公分作两音，如此之俦，恐非为得，将来君子，幸留心焉。

《五经》字体乖替者多，至如黿（yuán）、鼉（tuó）从黾，乱、辝从舌，席下为带，恶上安西，析旁著片，离边作禹，直是字讹，不乱余读；如寵字为竉（lǒng），錫字为鍚（yáng），用攴（pū）代文，将无混旡（jì），其□（按，原文此处残缺）之流便成两失。又来旁作力，俗以为约勑（chì）字，《说文》以为劳倈（lái）之字；水旁作曷，俗以为饥渴字，字书以为水竭之字。如此之类，改便惊俗，止不可不知耳。

次第

五经六籍，圣人设教，训诱机要，宁有短长？然时有浇淳，随疾投药，不相沿袭，岂无先后？所以次第互有不同。

如《礼记·经解》之说，以《诗》为首；《七略》《艺文志》所记，用《易》居前，阮孝绪《七录》亦同此次；而王俭《七志》，《孝经》为初。原其后前，义各有旨。今欲以著述早晚，经义总别，以成次第，出之如左。

周易

虽文起周代，而卦肇伏羲，既处名教之初，故《易》为《七经》之首。《周礼》有“三易”，《连山》久亡，《归藏》不行于世，故不详录。

古文尚书

既起五帝之末，理后三皇之经，故次于《易》。伏生所诵，是曰“今文”，阙谬处多，故不别记。马、郑所有同异，今亦附之音后。

毛诗

既起周文，又兼《商颂》，故在尧舜之后，次于《易》《书》。《诗》虽有四家，齐、鲁、韩世所不用，今亦□□（按，原文此处残缺）不取。

三礼

《周》《仪》二《礼》，并周公所制，宜次文王；《礼记》虽有戴圣所录，然忘名已久，又记二《礼》阙疑，□（按，原文此处残缺）相从次于《诗》下。《三礼》次第，《周礼》为本，《仪礼》为末，先后可见。然古有《乐经》，谓之“六籍”，灭亡既久，今亦阙焉。

春秋

既是孔子所作，理当后于周公，故次于《礼》。左丘明受经于仲尼；公羊高受之于子夏；谷梁赤乃后代传闻。《三传》次第自显。

孝经

虽与《春秋》俱是夫子述作，然《春秋》周公垂训，史书旧章，《孝经》专是夫子之意，故宜在《春秋》之后。《七志》以《孝经》居《易》之首，今所不同。

论语

此是门徒所记，故次《孝经》。《艺文志》及《七录》以《论语》在《孝经》前，今不同此次。

老子

虽人不在末，而众家皆以为子书，在经典之后，故次于《论语》。

庄子

虽是子书，人又最后，故次《老子》。

尔雅

《尔雅》周公，复为后人所益，既释于经，又非□□□次（按，原文此处残缺），故殿末焉。众家皆以《尔雅》居经典之后，在诸子之前，今微为异。

【文本分析】

随着语音的发展变化和方言的客观存在，至唐时，汉魏以来为经典注音的情况已比较混乱，阅读十分不便。陆德明以“典籍常用，会理合时”为基本原则，统一注音。合原则者为正音，不合原则者则为参考。同时，作者对经典的文字和内容也做了校勘、训诂。

《经典释文》对所注之书均标明书名和章节，然后摘录字句，注释音义，绝大多数字都标明反切或直音。作者不仅为经典本文注音，而且还为注文注音，全书共收录汉魏六朝230余家的各种音切和诸家训诂。因绝大多数音训原书都已失传，故该书保存的资料弥足珍贵，后世治文字、音韵、训诂之学者，均推崇此书。

第二章　史部文献

史部文献概说

“史”的原始意义是指一种职位，具体说是指古代为帝王掌管简册、记录史事的人员——史官。《周礼·天官·宰夫》说：“八职”中，“六曰史，掌官书赞治”。《玉篇》则说：“‘史’，掌书之官也。”所以，“史”在当时是一种官职。史官的设立，根据传说记载，可追溯到久远的上古时代。《世本》说：“黄帝时，始立‘史官’，仓颉、沮诵居其职。”

东汉许慎《说文解字》说：“‘史’，记事者也。从又，持中；中，正也。”许慎从字义的角度阐释了史官的职务要求：记事要保持中正。梁启超先生在其《中国历史研究法》中对“史”作的定义是：“史者何？记述人类社会赓续活动之体相，校其总成绩，求得其因果关系，以为现代一般人活动之资鉴者也。其专述中国先民之活动，供现代中国国民之资鉴者，则中国国史。”史官又有职责之分：“左史记言，右史记事。”《汉书·艺文志》说：“古之王者，世有史官，君举必书，所以慎言行、昭法戒。左史记言，右史记事；事为《春秋》，言为《尚书》。”《礼记·玉藻》则说：“动则左史书之，言则右史书之。”

周代的史官分工更为详备，职责也更为广泛。《周礼·春官》说：

"'太史'，掌邦建之典；'小史'，掌邦志之志；'内史'，掌王之八枋之法；'外史'，掌书外令。"史官中，职务最突出的是"太史令"，夏代已设，秦汉沿袭。盲史官，称为"瞽史"。"女史"，专记后宫。后代的御史，开始也是史官。此外，还有南史、祭史、筮史、祝史、卜史等。

后来，"史"的含义则演变成了史书。《汉书》所记载的"事为《春秋》，言为《尚书》"，即指"史"的史书意义。限于当时的文字书写水平，最早的史书是口耳相传的，所以，史官可以由"瞽史"即盲人来担任。作为社会经验、生产经验、国家治理策略传授的载体，史书是产生最早的书籍，所谓"六经皆史"就是这个意思。所以，治史能"究天人之际，通古今之变"，更能"为天地立心，为生民立命，为往圣继绝学，为万世开太平"。

经过历代的汇集，历史方面的书籍便逐渐发展形成了一个部类，即史部。从这个意义上来讲，"史"也可以指史部。史部是中国古代图书四部分类法中的一个部类。习惯上称经部为"甲部"，史部便被称为"乙部"。

《四库全书总目·史部总叙》

史之为道，撰述欲其简，考证则欲其详。莫简于《春秋》，莫详于《左传》。鲁史所录，具载一事之始末，圣人观其始末，得其是非，而后能定以一字之褒贬。此作史之资考证也。丘明录以为传，后人观其始末，得其是非，而后能知一字之所以褒贬。此读史之资考证也。苟无事迹，虽圣人不能作《春秋》。苟不知其事迹，虽以圣人读《春秋》，不知所以褒贬。儒者好为大言，动曰舍传以求经。此其说必不通。其或通者，则必私求诸传，诈称舍传云尔。司马光《通鉴》，世称绝作，不知其先为长编，后为考异。高似孙《纬略》，载其《与宋敏求书》，称到洛八年，始了晋、宋、齐、梁、陈、隋六代，唐文字尤多，依年月编次为草卷，以四丈为一卷，计不减六七百卷。又称光作《通鉴》，一事用三四出处纂成，用杂史诸书凡二百二十二家。李焘《巽岩集》亦称张新甫见洛阳有《资治通鉴》草稿盈两屋。（按，焘《集》今已佚，此据马端临《文献通考》述其父廷鸾之言。）今观其书，如淖方成祸水之语则采及《飞燕外传》，张彖冰山之语则采及《开元天宝遗事》，并小说亦不遗之。然则古来著录，于正史之外兼收博采，列目分编，其必有故矣。今总括群书，分十五类。首曰《正史》，大纲也。次曰《编年》，曰《别史》，曰《杂史》，曰《诏令奏议》，曰《传记》，曰《史钞》，曰《载记》，皆参考纪传者也。曰《时令》，曰《地理》，曰《职官》，曰《政书》，曰《目录》，皆参考诸志者也。曰《史评》，参考论赞者也。旧有《谱牒》一门，然自唐以后，谱学殆绝。玉牒既不颁于外，家乘亦不上于官，徒存虚目，故从删焉。考私家记载，惟宋、明二代为多。盖宋、明人皆好议论，议论异则门户分，门户分则朋党立，朋党立则恩怨结。恩怨既结，得志则排挤于朝廷，不得志则以笔墨相报复。其中是非颠倒，颇亦荧听。然虽有疑狱，合众证而质之，必得其情。虽有虚词，参众说而核之，亦必得其情。张师棣《南迁录》之妄，邻国之事无质也。赵与时《宾退录》证以金国官制而知之。《碧云騢》一书诬谤文彦博、范仲淹诸人，晁公武以为真出梅尧臣，王铚以为出自魏泰，邵博又证其真出尧臣，可谓聚讼。李焘卒参互而辨定之，至今遂无异说。此亦考证欲详之一验。然则史部诸书，自鄙倍冗杂，灼然无可采录外，其有裨于正史者，固均宜择而存之矣。

【选文说明】

本章选文《四库全书总目·旧五代史提要》《资治通鉴外纪序》《战国策书录》《东家杂记序》《方舆胜览序》《幽兰居士东京梦华录序》《三事忠告序》《金石录序》《郡斋读书志序》《爱日精庐藏书志序》，共10篇。其中，《旧五代史》属于史部正史类，《资治通鉴外纪》属于史部编年类，

《战国策》属于史部杂史类，《东家杂记》《幽兰居士东京梦华录》属于史部传记类，《三事忠告》属于史部政书类，《金石录》属于史部金石类，《郡斋读书志》《爱日精庐藏书志》属于史部目录类。

一、《四库全书总目·旧五代史提要》

【背景介绍】

《旧五代史》，原名《五代史》，也称《梁唐晋汉周书》，后人为区别于欧阳修的《新五代史》，便习称其为《旧五代史》。原书已佚，现行本是清乾隆四十年（1775）时从《永乐大典》中辑出的。这是由宋太祖诏令编纂的官修史书。薛居正（912—981）监修，卢多逊、扈蒙、张澹、李昉、刘兼、李穆、李九龄等同修。

十国中对五代称臣奉朔各国，如荆南（南平）、楚、吴越等，入《世袭传》，余入《僭伪传》，契丹、吐蕃等入《外国传》。该书取材于各朝实录及范质《五代通录》等书，文献完备；且修史时五代结束未久，编撰人对当时情况多能了解，故史料较丰富。自金章宗泰和七年（1207）明令立欧阳修《五代史记》于学官后，该书渐废。

从宋朝藏书家晁公武《郡斋读书志》的记载看，《旧五代史》的实际作者有卢多逊、扈蒙、张澹、李昉等人。他们是当时的学者名流，在《宋史》里都有传。史称卢多逊少年成名，甚有“笃学”；扈、张二人也是“少能文”“幼而好学，有才藻”；李昉更是知识广博，曾主编过《文苑英华》《太平广记》等大部头类书。他们大部分又在五代时期生活过一段，对那段历史比较了解，因此《旧五代史》材料较为丰富。尤其是保存了许多后来已经散佚的当时的诏令公文和当时人写的行状、墓志铭等，这都是人物传记的第一手资料。

【正文】

宋薛居正等奉敕撰。考晁公武《读书志》云：“开宝中诏修梁、唐、晋、汉、周《书》，卢多逊、扈蒙、张澹、李昉、刘兼、李穆、李九龄同修，宰相薛居正等监修。”《玉海》引《中兴书目》云：“开宝六年四月戊申，诏修《五代史》。七年闰十月甲子，书成。凡百五十卷，《目录》二卷，为《纪》六十一、《志》十二、《传》七十七，多据累朝实录及范质《五代通录》为稿本。其后欧阳修别撰《五代史记》七十五卷，藏于家。修没后，官为刊印，学者始不专习薛《史》。然二书犹并行于世。”至金章宗泰和七年，诏学官止用欧阳修《史》，于是薛《史》遂微。元、明以来，罕有援引其书者，传本亦渐就湮没。惟明内府有之，见于《文渊阁书目》，故《永乐大典》多载其文。然割裂淆乱，已非居正等篇第之旧。恭逢圣朝右文稽古，网罗放佚，零缣断简，皆次第编摩。臣等谨就《永乐大典》各韵中所引薛《史》，甄录条系，排纂先后，检其篇第，尚得十之八九。又考宋人书之征引薛《史》者，每条采录，以补其阙，遂得依原本卷数，勒成一编。晦而复彰，散而复聚，殆实有神物呵护，以待时而出者。遭逢之幸，洵非偶然也。

欧阳修文章远出居正等上，其笔削体例，亦特谨严，然自宋时论二《史》者即互有所主。司马光作《通鉴》、胡三省作《通鉴注》，皆专据薛《史》，而不取欧《史》。沈括、洪迈、王应麟辈为一代博洽之士，其所著述，于薛、欧二《史》亦多兼采，而未尝有所轩轾。盖修所作皆刊削旧史之文，意主断制，不肯以纪载丛碎，自贬其体，故其词极工，而于情事或不能详备。至居正等奉诏撰述，本在宋初，其时秉笔之臣尚多逮事五代，见闻较近，纪传皆首尾完具，可以征信。故异同所在，较核事迹，往往以此书为证。虽其文体平弱，不免叙次烦冗之病，而遗闻琐事反藉以获传，实足为考古者参稽之助。又欧《史》止述《司天》《职方》二考，而诸志俱阙，凡礼乐职官之制度、选举刑法之沿革，上承唐典，下开宋制者，一概无征，亦不及薛《史》诸志为有裨于文献。盖二书繁简，各有体裁，学识兼资，难于偏废。

昔修与宋祁所撰《新唐书》，事增文省，足以括刘昫《旧书》。而昫《书》仰荷皇上表章，今仍得列于正史。况是书文虽不及欧阳，而事迹较备，又何可使隐没不彰哉？谨考次旧文，厘为《梁书》二十四卷、《唐书》五十卷、《晋书》二十四卷、《汉书》十一卷、《周书》二十二卷、《世袭列传》二卷、《僭伪列传》三卷、《外国列传》二卷、《志》十二卷，共一百五十卷，别为《目录》二卷。而搜罗排纂之意，则著于《凡例》，兹不赘列焉。

【文本分析】

《旧五代史》也有不少缺点，这主要是因为成书太快，因而来不及对史料加以慎重的鉴别，有的照抄五代时期的实录，以至把当时人明显为了某种政治目的而歪曲史实和溢美人物的不实之词录入书中。如对后唐的权臣张全义，传中就大肆赞美他治洛的功勋，而讳言其大量丑行，而这些丑闻在后来宋人王禹偁写的《五代史阙文》中揭露甚多。正是由于这样，赵翼的《廿二史札记》对《旧五代史》指责很多，专门写了“薛《史》书法回护处”和“薛《史》失检处”两个专题，举了很多例证说明薛《史》的不实。但是从史料角度说，薛《史》为后人保存了大量原始资料，这毕竟是它的功劳。尤其经过长期南北分裂混乱，许多五代时期的实录和其他第一手材料大部散佚，因而这部近乎实录压缩本的史书，价值就更高了。

另外，在清人邵晋涵从《永乐大典》辑出《旧五代史》前，当时已有武英殿版“廿三史”正史行世。《旧五代史》辑录成书后，四库馆臣对于是否将其纳入正史之中从而形成“廿四史”是有过讨论的。其中以总裁官于敏中为代表的馆臣便认为不该将其作为正史之一，理由是此前的武英殿正史系列已经刊刻流传，若将《旧五代史》纳入，则需重新按照已有的格式刊刻，较为费事。但经过馆臣的讨论，最终还是将该书纳入“廿四史”中。

二、《资治通鉴外纪序》

【背景介绍】

司马光主编的《资治通鉴》具有相当的知名度，是我国历史上非常重要的一部编年体通史。刘恕是司马氏编写《资治通鉴》时的重要助手之一，对于该书的顺利编写做出了很大的贡献。然而其《资治通鉴外纪》较之《资治通鉴》不可同日而语，知之者亦少。

刘恕（1032—1078），字道原，筠州高安（今江西省高安市）人，祖籍京兆万年（今陕西省西安市），北宋史学家。皇祐元年（1049）登进士第，调任钜鹿主簿，历任和川令、翁源令等职。治平三年（1066），司马光编《资治通鉴》，应召为官署僚属，专门处理《资治通鉴》中史事纷繁杂乱之处，对于魏晋以后的事考证差错，最为精当详尽。曾与王安石友善，熙宁中却力反变法，于是与王安石绝交。不久，以奉养亲老为由，出监南康军酒务。司马光判西京御史台，前往洛阳会面，留数月而归，半道中风，半身瘫痪。元丰元年（1078）九月，刘恕去世，享年四十七岁。

【正文】

《资治通鉴外纪序》

刘恕曰："孔子作《春秋》，笔削美刺，子游、子夏门人之高弟不能措一辞。鲁太史左丘明以仲尼之言高远难继而为之作传，后之君子不敢绍续焉。惟陆长源《唐春秋》、尹洙《五代春秋》，非圣人而作经，犹《春秋》吴楚之君僭号称王，诛绝之罪也。《左氏传》据鲁史，因诸侯国书系年叙事。《春秋》所贬损大人，当世君臣有威权势力，其事实皆形于《传》，故隐其书而不宣，以免时难。后汉献帝以班固《汉书》文系难省，命荀悦依《左传》体为《汉纪》，言约事详，大行于世。晋太康初，汲郡人发魏襄王冢，得《纪年》，文义大似《春秋》，其所记事多与左氏符同。诸儒乃知古史记之正法。自是袁宏、张璠、孙盛、干宝、习凿齿以下为编年之书，至唐、五代，其流不废。汉、晋起居注，梁、唐实录，皆其遗制也。《国语》亦左丘明所著，载内传遗事，或言论差殊而文词富美，为书别行。自周穆王，尽晋知伯、赵襄子，当贞定王时，凡五百余年，虽事不连属，于史官盖有补焉。七国有《战国策》，晋孔衍作《春秋后语》，并时分国，其后绝不录焉。唐柳宗元采摭片言之失，以为诬淫不概于盛，作《非国语》六十七篇，其说虽存，然不能为《国语》轻重也。司马迁始撰《本纪》《年表》《八书》《世家》《列传》之目，史臣相续，谓之正史。本朝去古益远，书益烦杂，学者牵于属文，专尚《西汉书》，博览者乃及《史记》《东汉书》，而近代士颇知《唐书》。自三国至隋，下逮五代，懵然莫识。承平日久，人愈怠惰。《庄子》文简而义明，玄言虚诞而似理，功省易习，陋儒莫不尚之，史学浸微矣。案，历代国史，其流出于《春秋》。刘歆叙《七略》，王俭撰《七志》，《史记》以下皆附《春秋》。荀勖分四部，史记、旧事入丙部。阮孝绪《七录·记传录》纪史传，由是经与史分。夫今之所以知古，后之所以知今，因善恶以明褒贬，察政治以见兴衰，《春秋》之法也。使孔子赞《易》而不作《春秋》，则后世以史书为记事琐杂之语，《春秋》列于六艺，愚者莫敢异说而终不能晓也。恕皇祐初举进士，试于礼部，为司马公门生，侍于大儒，得闻余论。嘉祐中公尝谓恕曰：'春秋之后，迄今千余年，《史记》至《五代史》一千五百卷，诸生历年莫能竟其篇第，毕世不暇举其大略，厌烦趋易，行将泯绝。予欲托始于周威烈王，命韩、魏、赵为诸侯，下讫五代，因丘明编年之体，仿荀悦简要之文，网罗众说，成一家书。'恕曰：'司马迁以良史之才，叙皇帝至秦汉兴亡治乱。班固已下，世各名家。李延寿总八朝为《南北史》，而言词卑弱，义例烦杂，书无《志》《表》，沿革不完。梁武帝《通史》，唐姚康复《统史》，世近亡轶，不足称也。公欲以文章论议成历世大典，高勋美德褒赞流于万世，元凶宿奸贬绌甚于诛殛，上可继仲尼之经、丘明之传，司马迁安可比拟，荀悦何足道哉！’治平三年，公以学士为英宗皇帝侍讲，受诏修历代君臣事迹，恕蒙辟置史局，尝请于公曰：‘公之书不始于上古或尧舜，何也？’公曰：‘周平王以来，事包《春秋》，孔子之经不可损益。’曰：‘曷不始于获麟之岁？’曰：‘经不可续也。’恕乃知贤人著书尊避圣人也。如是，儒者可以法矣。熙宁三年冬，公出守京兆。明年春，移帅颍川，固辞不行，退居洛阳。恕褊狷好议论，不敢居京师，请归江东养亲。公以新书未成，不废刊削，恕亦遥隶局中。尝思司马迁《史记》始于黄帝，而包牺、神农阙漏不录，公为历代书而不及周威烈王之前。学者考古，当阅小说，取舍乖异，莫知适从。若鲁隐之后止据《左氏》、《国语》、《史记》、诸子，而增损不及《春秋》，则无与于圣人之经。包牺至未命三晋为诸侯，比于后事，百无一二，可为《前纪》。本朝一祖四宗，一百八年，可请《实录》《国史》于朝廷为《后纪》。昔何承天乐资作《春秋前后传》，亦其比也。将俟书成，请于公而为之。熙宁九年，恕罹家祸，悲哀愤郁，遂中瘫痹，右肢既废，凡欲执笔，口授稚子羲仲书之。常自念平生事业，无一成就，史局十年，俯仰窃禄。因取诸书，以《国语》为本，编《通鉴前纪》。家贫，书籍不具，南徼僻陋，士人家不藏书。卧病六百日，无一人语及文史。昏乱遗忘，烦简不当。远方不可得《国书》，绝意于《后纪》，乃更《前纪》曰《外纪》，如《国语》称《春秋外传》之义也。自周共和元年庚申至威烈王二十二年丁丑，四百三十八年，见于《外纪》；自威烈王二十三年戊寅至周显德六年己未，一千三百六十二年，载于《通鉴》；然后一千八百年之兴废大事坦然可明。昔李弘基用心过苦，积年疾而药石不继；卢升之手足挛废，著《五悲》而自沉颍水。予病眼病创，不寐不食，才名不逮二子而疾疹艰苦过之。陶潜豫为祭文，杜牧自撰墓志，夜台逋迩，归心若飞，聊叙不能，作前、后《纪》而为《外纪》焉。他日书成，公为前、后《纪》，则可删削《外纪》之烦冗而为《前纪》，以备古今一家之言。恕虽不及见，亦平生之志也。”

【文本分析】

《资治通鉴外纪》，原名《通鉴前纪》，共十卷，上起包牺氏，下至周威烈王二十二年丁丑（前 404）。刘恕在编辑《资治通鉴》期间，针对《通鉴》文不起上古，只载周烈王二十三年以后大事的情况，补充了包牺氏至周烈王二十二年的史事。刘恕在《通鉴外纪》序曰：“本朝去古益远，书益繁杂，学者牵于属文，专尚《西汉书》，博览者乃及《史记》《东汉书》，而近代士颇知《唐书》。自三国至隋，下逮五代，懵然莫识。承平日久，人愈怠惰。《庄子》文简而义明，玄言虚诞而似理，功省易习，陋儒莫不尚之，史学浸微矣。”他在后序中说：“他日书成，公为前、后《纪》，则可删削《外纪》之烦冗而为《前纪》，以备古今一家之言。恕虽不及见，亦平生之志也。”刘恕在病亡前六百天患中风症，手脚瘫痪，只好以口述方式，由长子刘羲仲撰稿，完成《通鉴外纪》十卷、《疑年谱》一卷。书成不久，即行逝世。是书常舍《左传》而取《国语》，又多取先秦诸子书的史料，失之于滥，且未加考证，是其缺点。刘恕所撰《通鉴外纪》无宋本传世，今所存最全者为涵芬楼所藏明末刊本，《外纪》十卷、《目录》五卷，《四部丛刊》据以影印，原本不见《涵芬楼烬余书录》著录，当毁于侵华日军“八一三”战火。

此书今存最早版本为元刻本，今藏国家图书馆（索书号 08011）。该书为当时书坊所刻，删改较多，并无序跋，反而是明刻本中保存了司马光、刘恕的序，这说明了明代版本同样具有重要的文献价值。

另外，司马光也为该书撰写了序文，其在这篇简短的序中着重提到了以下几方面：第一，昔日同事刘恕在病情危重之时仍然在为编写《资治通鉴外纪》而奋斗，以至于在生命的最后阶段，用口授的方式令其子撰写了《外纪》的序文。第二，刘恕是一位优秀的历史学家，是司马光编写《资治通鉴》时的得力助手。第三，刘恕所撰《外纪》是对《资治通鉴》上限的延伸，是一种补充。

《资治通鉴外纪序》

（宋）司马光

道原好著书，志欲笼络宇宙而无所遗，其著《资治通鉴外纪》十卷，未以传人，病亟，犹汲汲借人书以参校己之书，是正其失。气垂尽，乃口授其子羲仲为书，凡使撰《外纪序》。皇祐初有诏，士能讲经义者，听别奏名，其中所对最精详。先具疏，次引先儒异说，末以己意断而论之，凡二十问，所对皆然。主司惊异，擢为第一，及发糊名，乃进士刘恕，年十八矣。光以是慕重之，始于相识，道原乃其字也。释褐巨鹿主簿，迁和川令。英宗雅好稽古，诏光编次历代君臣事，仍谓光曰："卿自择馆阁英才共修之。"光对曰："馆阁之士诚多，至于专精史学，臣未得而知，所识者，惟和川刘恕一人而已。"上曰："甚善！"即奏召之共修书。凡数年，史事之纷错难治者则以诿之，光仰成而已。今上即位，赐名曰"资治通鉴"。道原所编之事皆在《通鉴》之前，故曰"外纪"焉。光寻判西京留台，奏迁书局，后数年道原至洛归局中，以元丰元年九月戊戌终，官至秘书丞，年止四十七。嗟乎！以道原之耿介，其不容于人，龃龉以没固宜，天何为复病而夭之耶？此益使痛惋惝恍而不能忘者也。道原其先万年人，祖度为临川令，卒官，葬高安，因家焉。

元丰元年十月日，涑水司马光君实序。

三、《战国策书录》

【背景介绍】

《战国策》是一部国别体史学著作，主要记述了战国时期纵横家的政治主张和策略。《剡川姚氏本战国策》，共三十三卷，分十二策，约四百九十七篇，按东周、西周、秦国、齐国、楚国、赵国、魏国、韩国、燕国、宋国、卫国、中山国依次分国编写。

《战国策》由汉朝刘向编订，但其原作者不详。刘向（约前 77—前 6），原名更生，字子政，沛郡丰邑（今江苏省徐州市）人，汉代经学家、文学家、目录学家。

刘向因此书所记多是东周后期时诸国混战中纵横家为其君王的政治主张和外交策略，因此定名为《战国策》，而该时期亦因此被史家称为战国时代。该书主要记述了战国时期说客们的言行，更包括了不少纵横家的政治策略与辩论技巧，也可说是合纵与连横的实战演习手册。此书自刘向做第一次整理，东汉末高诱为之改编并为注解后，又经宋之曾巩、姚宏、鲍彪及元之吴师道等做数度之整理。

【正文】

《战国策书录》

护左都水使者光禄大夫臣向言：所校中《战国策》书，中书余卷，错乱相糅莒，又有国别者八篇，少不足，臣向因国别者，略以时次之，分别不以序者以相补，除复重，得三十三篇。本字多误脱为半字，以“赵”为

“肖”，以“齐”为“立”，如此字者多。中书本号或曰《国策》、或曰《国事》、或曰《短长》、或曰《事语》、或曰《长书》、或曰《修书》，臣向以为战国时游士辅所用之国为之策谋，宜为《战国策》。其事继春秋以后，讫楚、汉之起，二百四十五年间之事，皆定以杀青，书可缮写。叙曰：周室自文、武始兴，崇道德，隆礼义，设辟雍、泮宫、庠序之教，陈礼乐弦歌移风之化，叙人伦，正夫妇，天下莫不晓然。论孝悌之义，惇笃之行，故仁义之道满乎天下，卒致之刑错四十余年，远方慕义，莫不宾服，《雅》《颂》歌咏，以思其德。下及康、昭之后，虽有衰德，其纲纪尚明，及春秋时已四五百载矣，然其余业遗烈流而未灭。五霸之起，尊事周室，五霸之后，时君虽无德，人臣辅其君者，若郑之子产、晋之叔向、齐之晏婴，挟君辅政，以并立于中国，犹以义相支持，歌说以相感，聘觐以相交，期会以相一，盟誓以相救，天子之命犹有所行，会享之国犹有所耻，小国得有所依，百姓得有所息。故孔子曰：“能以礼让为国乎何有？”周之流化岂不大哉？及春秋之后，众贤辅国者既没，而礼义衰矣。孔子虽论《诗》《书》，定《礼》《乐》，王道粲然分明，以匹夫无势，化之者七十二人而已，皆天下之俊也，时君莫尚之。是以王道遂用不兴，故曰：非威不立，非势不行。仲尼既没之后，田氏取齐，六卿分晋，道德大废，上下失序。至秦孝公捐礼让而贵战争，弃仁义而用诈谲，苟以取强而已矣。夫篡盗之人列为侯王，诈谲之国兴立为强，是以转相放效，后生师之，遂相吞灭，并大兼小，暴师经岁，流血满野，父子不相亲，兄弟不相安，夫妇离散，莫保其命，泯然道德绝矣。晚世益甚，万乘之国七，千乘之国五，敌侔争权，盖为战国。贪饕无耻，竞进无厌，国异政教，各自制断，上无天子，下无方伯，力功争强，胜者为右，兵革不休，诈伪并起。当此之时，虽有道德，不得施设，有谋之强，负阻而恃固，连与交质，重约结誓，以守其国。故孟子、孙卿儒术之士，弃捐于世，而游说权谋之徒，见贵于俗。是以苏秦、张仪、公孙衍、陈轸、代、厉之属，生从横短长之说，左右倾侧。苏秦为从，张仪为横；横则秦帝，从则楚王；所在国重，所去国轻。然当此之时，秦国最雄，诸侯方弱，苏秦结之，时六国为一，以傧背秦。秦人恐惧，不敢窥兵于关中，天下不交兵者二十有九年。然秦国势便形利，权谋之士，咸先驰之。苏秦初欲横，秦弗用，故东合从。及苏秦死后，张仪连横，诸侯听之，西向事秦。是故始皇因四塞之固，据崤、函之阻，跨陇、蜀之饶，听众人之策，乘六世之烈，以蚕食六国，兼诸侯，并有天下。仗于谋诈之弊，终于信笃之诚，无道德之教，仁义之化，以缀天下之心。任刑罚以为治，信小术以为道。遂燔烧诗书，坑杀儒士，上小尧舜，下邈三王。二世愈甚，惠不下施，情不上达；君臣相疑，骨肉相疏；化道浅薄，纲纪坏败；民不见义，而悬于不宁。抚天下十四岁，天下大溃，诈伪之弊也。其比王德，岂不远哉！孔子曰："道之以政，齐之以刑，民免而无耻；道之以德，齐之以礼，有耻且格。"夫使天下有所耻，故化可致也。苟以诈伪偷活取容，自上为之，何以率下？秦之败也，不亦宜乎！战国之时，君德浅薄，为之谋策者，不得不因势而为资，据时而为画。故其谋，扶急持倾，为一切之权，虽不可以临国教化，兵革救急之势也。皆高才秀士，度时君之所能行，出奇策异智，转危为安，运亡为存，亦可喜，皆可观。

护左都水使者光禄大夫臣向所校《战国策书录》。

【文本分析】

刘向确定了一系列的校书原则，堪称后世校雠书籍的典范。其所撰成的《别录》为中国目录学之祖。刘向等人的校书实践与成果，不独是校雠学、目录学的范本，在学术史上也具有极为深远的意义。《别录》今已佚失，仅存《战国策》《晏子春秋》《荀子》《管子》《邓析子》《说苑》《列子》七书叙录，以及刘歆《上山海经表》。

在刘向校理《战国策》后，北宋的曾巩、南宋的鲍彪也对该书加以整理，今附录两家序文。

《曾序》

刘向所定著《战国策》三十三篇，《崇文总目》称十一篇者，阙。臣访之士大夫家，始尽得其书，正其误谬而疑其不可考者，然后《战国策》三十三篇复完。叙曰：向叙此书，言周之先明教化，修法度，所以大治。及其后诈谋用而仁义之路塞，所以大乱。其说既美矣，率以谓此书战国之谋士度时君之所能行，不得不然，则可谓惑于流俗而不笃于自信者也。夫孔孟之时去周之初已数百岁，其旧法已亡，其旧俗已熄久矣。二子乃独明先王之道，以为不可改者，岂将强天下之主以后世之所不可为哉？亦将因其所遇之时、所遭之变而为当世之法，使不失乎先王之意而已。二帝三王之治，其变固殊，其法固异，而其为天下国家之意、本末先后，未尝不同也。二子之道如是而已。盖法者所以适变也，不必尽同；道者所以立本也，不可不一，此理之不易者也。故二子者守此，岂好为异论哉？能勿苟而已矣。可谓不惑于流俗而笃于自信者也。战国之游士则不然，不知道之可信而乐于说之易合，其设心注意，偷为一切之计而已。故论诈之便而讳其败，言战之善而蔽其患，其相率而为之者，莫不有利焉而不胜其害也，有得焉而不胜其失也。卒至苏秦、商鞅、孙膑、吴起、李斯之徒以亡其身，而诸侯及秦用之亦灭其国，其为世之大祸明矣，而俗犹莫之悟也。惟先王之道，因时适变，法不同而考之无疵，用之无敝。故古之圣贤未有以此而易彼也。或曰："邪说之害正也，宜放而绝之。则此书之不泯，其可乎？"对曰："君子之禁邪说也，固将明其说于天下，使当世之人皆知其说之不可为，然后以戒则明，岂必灭其籍哉？放而绝之，莫善于是。故孟子之书有为神农之言者、有为墨子之言者，皆著而非之。至于此书之作，则上继春秋，下至秦、汉之起，二百四五十年之间，载其行事，固不得而废也。"此书有高诱注者二十一篇，或曰三十二篇。《崇文总目》存者八篇，今存者十篇云。

编校史馆书籍臣曾巩序。

《鲍序》

《战国策》，史家流也，其文辩博，有焕而明，有婉而微，有约而深，太史公之所考本也。自汉称为《战国策》，杂以短长之号，而有苏、张纵横之说，学者讳之，置不论，非也。夫史氏之法具记一时事辞，善恶必书，初无所抉择，楚曰“梼杌”，书恶也；鲁曰“春秋”，善恶兼也。司马《史记》、班固《汉书》有《佞幸》等列传，学者岂以是为不正，一举而弃之哉？矧此书若张孟谈、鲁仲连发策之慷慨，谅毅、触詟纳说之从容，养叔之息射，保功莫大焉。越人之投石，谋贤莫尚焉。王斗之爱縠，忧国莫重焉。诸如此类不一，皆有合先王正道、孔孟之所不能违也。若之，何置之？曾巩之《序》美矣，而谓禁邪说者，固将明其说于天下，则亦求其故而为之说，非此书指也。起秦迄今千四百岁，由学者不习，或衍或脱，或后先失次，故“肖”“立”半字，时次相糅，刘向已病之矣。旧有高诱注，既疏略无所稽据，注又不全，浸微浸灭，殆于不存。彪于是考《史记》诸书为之注，定其章条，正其衍脱而存其旧，慎之也。地理本之《汉志》，无则缺。字训本之《说文》，无则称犹，杂出诸书，亦别名之。人姓名多不传见，欲显其所说，故系之一国，亦时有论说以翊宣教化，可以正一史之谬，备《七略》之缺。于之论是非，辨得失，而考兴亡，亦有补于世。

绍兴十七年丁卯仲冬二十有一日辛巳冬至，缙云鲍彪序。

四、《东家杂记序》

【背景介绍】

《东家杂记》是孔子第四十七代孙孔传所撰，主要记载历代对孔子及其后人的崇奉和孔庙、孔林等与孔子相关的古迹，是现存最早的孔氏家传，著名的《孔氏祖庭广记》就是孔子第五十一代孙孔元措在此书的基础上扩充而成。因此，该书对于研究孔子及孔氏家族文化具有重要参考价值。

孔传，生卒年月不详，字世文，兖州仙源（今山东省曲阜市）人。南孔始祖，精易学，操行介洁。建炎初，随孔端友、孔端木等南渡，遂流寓衢州（今浙江省衢州市）。绍兴二年（1132）除知邠州，移知陕州，改知抚州，官至右朝议大夫。晚号杉溪，卒年七十五，封仙源县开国男。著有《续六帖》《东家杂记》《洙南野史》《续尹植文枢秘要》《杉溪集》等。

孔传在宣和六年（1124）曾撰《祖庭杂记》一书，南渡之后又撰此书，易"祖庭"为"东家"，是因为其本人已迁入南方，山东已归属金政权，"东家"一词具有怀念故土之意。

【正文】

《东家杂记序》

先圣没逮今一千五百余年，传世五十。或问其姓，则内求而不得；或审其家，则舌举而不下。为之后者，得无愧乎？传窃尝推原谱牒，参考载籍，则知郑有孔张，出于子孔；卫有孔达，出于姬姓；盖本非子氏之后而徙居于鲁者，皆非吾族。若乃历代褒崇之典，累朝班赉之恩，宠数便蕃，固可以枚陈而列数，以至验祖壁之遗书，访阙里之陈迹，荒墟废址，沦没于春芜秋草之中者，鲁尚多有之，故老世传之，将使闻见之所未尝者，如接于耳目之近。于是纂其轶事，缀所旧闻，题曰“东家杂记”，好古君子得以览观焉。

时巨宋绍兴甲寅三月辛亥，四十七代孙右朝议大夫知抚州军州事兼管内劝农使仙源县开国男食邑三百户借紫金鱼袋孔传谨序。

【文本分析】

孔传在这篇简短的序文中写出了古人注重家族历史，有编写家谱、族谱的传统。但即便是声名显赫的孔氏家族，在北宋孔传的时代，其族人对于家族历史也已经是“内求不得”“舌举不下”。有鉴于此，孔传多方努力，查阅前代典籍，重新理清了孔氏家族的传承脉络，与同姓异族者加以区分。同时，他还在该书中详细记录了孔氏一族在历朝历代所受到的褒奖、历代族人的生平等，这些都是我国古代家谱中较为重要的部分，也是我们当今利用家谱一类文献进行历史研究的原因。

家谱属珍贵的人文资料，对于历史学、民俗学、人口学、社会学和经济学的深入研究均有其不可替代的独特作用。经历了历朝历代的连年战乱和社会动荡，历史上传世的家谱几乎丧失殆尽，许多家族的世系也因此断了线、失了传。宋代以前，家谱以官修为主，主要作为官吏铨选和巨姓望族婚姻门第参考的依据。宋代以降，私家修谱日渐兴盛，家谱的编纂主要转为说世系、序长幼、辨亲疏、尊祖敬宗、睦族收族。明代家谱体例臻于成熟和完善，奠定了后世家谱的基本格局。清及民国，堪称中国家谱发展的高峰时期。当今可见的古代家谱，大多是明清两代纂修。在我国明清时期，出现了专门替人修造家谱世系的“谱匠”。当前世界各大图书馆收藏的中国家谱总数有三四万种之多，而散布在中国民间的家谱更是浩若繁星，不胜枚举。

家谱既是国家历史文献的重要组成部分，也是中华民族精神血脉赓续、文化传承的重要依托。家谱作为家庭、家教、家风传承的重要载体，与正史、方志一起，共同构建起中华民族历史文献的三大支柱，是我国珍贵历史文化遗产的重要组成部分。

五、《方舆胜览序》

【背景介绍】

《方舆胜览》是南宋祝穆编撰的地理类著作，全书共七十卷。

祝穆，字和甫，南宋时建阳人。据《建宁府志》记载，祝穆的父亲祝康国曾经和南宋理学名臣朱熹有密切的交往，“从朱子居崇安”。祝穆小时候名祝丙，与弟弟一同受业于朱熹。《方舆胜览》成书后，宰相程元凤、蔡杭上奏给皇帝，皇帝因此除祝穆任迪功郎，不久任兴化军涵江书院山长。

《方舆胜览》主要记载南宋临安府（今浙江省杭州市）及其辖下的浙西路、浙东路、江东路、江西路等十七路所属的府州等地的郡名、风俗、形胜、土产、山川、学馆、堂院、亭台、楼阁、轩榭、馆驿、桥梁、寺观、祠墓、古迹、名官、人物、题咏等，内容十分丰富全面，对于了解南宋时期江南各地的经济、文化、风俗、民情、山川、土产等有着极大的帮助。特别是对于各地名胜古迹及有关的诗赋序记，记载尤其详细。

【正文】

《吕午序》

舆地有书尚矣。自上世《九丘》既逸，而夏之《禹贡》、周之《职方》，灿然明备。至秦郡县天下，两汉遂有《地理》《郡国志》，历代多仿之。唐图十道，皇朝志九域，皆是物也。然秉笔纪载实难，文献不足，无以参稽而互考，非足履目睹，则真赝详略何从信之。司马迁贯紬经传，旁采子史，又闻长老之所称，而必观九江，望五湖，阚洛、汭，行淮、泗，而后成《河渠》之书。东方朔诵诗书二十二万言，三冬文史足用，又随师践赤县，遨五岳，行泽陂，息名山，犹以所见参酌《山海经》，而后《神异经》《十洲记》始作。学问不博，闻见不广，涉历不亲，而欲会集四海九州山川、风俗、土产、景物、人材、文章、名数、沿革之详，特诬而已。建阳祝穆和父，本新安人，朱文公先生之母党也。幼从文公诸大贤游，性温行淳，学富文赡，雅有意于是书。尝往来闽、浙、江、淮、湖、广间，所至必穷登临。与予有连，每相见必孜孜访风土事。经史子集、稗官野史、金石刻、列郡志，有可采摭，必昼夜抄录无倦色，盖为纪载张本也。且许异日成编，当以相示。如是者累年，近访予钱塘马城之竹坡，曰："编成矣。敢名以《方舆胜览》，而锓梓以广其传，庶人人得胜览也。君幸为序，以冠其首。"予丕视所载，辞简而畅，事备而核。各州风物见于古今诗歌记序之佳者，率全篇登入；其事实有可拈出者，则纂缉为俪语，附于各州之末。较之录此而阙彼，举略而遗全，循讹而失实，泛滥于著述而不能含咀其英华者，万万不侔也。信乎其为胜览矣！学士大夫端坐窗几而欲周知天下，操弄翰墨而欲得助江山，当览此书，毋庸他及。所谓执璇玑以观大运，据要会以观方来，不劳余力，尽在目中，信乎其为胜览矣！虽然，我瞻四方，禹迹茫茫，思日辟于先王，慨未归于故疆，必也志存乎修攘，步极乎亥章。使吾和父涉历弥长，闻见弥详，纪载益铺张，而《胜览》益辉煌，是乃为邦家之光，予尚得以攫攘其旁。

嘉熙己亥良月望日，新安吕午序。

《自序》

始，予游诸公间，强予以四六之作，不过依陶公样，初不能工也。其后稍识户牖，则酷好编辑郡志，如耆昌歜。予亦自莫晓其癖，所至辄借图经。积十余年，方舆风物收拾略尽，出以谂予友，乃见讥曰："还如食小鱼，所得不偿劳。"予恍然自失，益搜猎古今记序诗文，与夫稗官小说之类，摘其要语以附入之。予友又唶曰："天吴与紫凤，颠倒在短褐。"予复愧其破碎断续，而首末之不贯也。又益取夫钜篇短章所不可阙者，悉载全文，大书以提其纲，附注以详其目，至三易稿而体统粗备，予友亦印可焉，予犹未敢以为然也。既又携以谒今御史吕公竹坡先生，幸不斥以狂僭，辱为之序，走不足以当也。嗟夫！昔者孔子尝曰："为命，裨谌草创之，世叔讨论之，行人子羽修饰之，东里子产润色之。"夫以一命令之出，犹更四贤之手，况予陋闻谀见，徒以两耳目之所及，而欲该天下之事事物物，坎蛙窥天，其不量甚矣。虽然，世有扬子云，必知是编之不苟，岂直为四六设哉！若夫网罗遗逸，启发愚蒙，予方有望于博雅君子。

嘉熙己亥仲冬既望，建安祝穆和父书。

【文本分析】

《方舆胜览》大概成书于南宋理宗嘉熙三年（1239），但直至度宗咸淳二年（1266）才有刻本流传。从内容上看，《方舆胜览》还是一部错误较多的书。错误多是抄录和刊刻过程中产生的文字讹误，但也有部分错误是祝穆本人不慎所致。如卷十四将刘禹锡《西塞山怀古》误题为《金陵怀古》，卷十五误将谢朓所作《敬亭山》诗著于谢灵运名下。

《方舆胜览》虽然有不少错误，叙州郡沿革也过于简略，但并非没有价值。该书的价值主要有三点：一是它的文学价值，书中收录的大量诗文记序及四六用语，很多都是优秀的文学作品。二是它的地理价值，该书保存了一份完整的南宋后期监司军帅治所的资料，它可使我们对当时的制置、经略、安抚、总领、转运、提刑、提举、茶马、坑冶、市舶、宗正等各司的分布一目了然。这些内容《宋史·地理志》只有少量记载，该书可补其不足。三是它的文献价值，书中收录的千余篇诗文记序，有许多我们今天仍可看到原著，但流传过程中或多或少都有一些文字异同，因此便可以利用该书加以校勘。

六、《幽兰居士东京梦华录序》

【背景介绍】

《幽兰居士东京梦华录》简称《东京梦华录》，是宋代孟元老的笔记体散记文。

孟元老，生卒年待考，号幽兰居士，北宋东京开封府（今河南省开封市）人，文学家。据《宋会要辑稿》及苏辙等人著作，可知他是北宋保和殿大学士孟昌龄的族人孟钺，曾任开封府仪曹，北宋末叶在东京居住二十余年。金灭北宋，孟元老南渡，常忆东京之繁华，于南宋绍兴十七年（1147）撰成《东京梦华录》，自作序。

【正文】

《自序》

仆从先人宦游南北，崇宁癸未到京师，卜居于州西金梁桥西夹道之南，渐次长立，正当辇毂之下，太平日久，人物繁阜。垂髫之童，但习鼓舞。班白之老，不识干戈。时节相次，各有观赏。灯宵月夕，雪际花时。乞巧登高，教池游苑。举目则青楼画阁，绣户珠帘。雕车竞驻于天街，宝马争驰于御路。金翠耀目，罗绮飘香，新声巧笑于柳陌花衢，按管调弦于茶坊酒肆。八荒争凑，万国咸通。集四海之珍奇，皆归市易。会寰区之异味，悉在庖厨。花光满路，何限春游。箫鼓喧空，几家夜宴。伎巧则惊人耳目，侈奢则长人精神。瞻天表则元夕教池，拜郊孟享，频观公主下降、皇子纳妃。修造则创建明堂，冶铸则立成鼎鼐。观妓籍则府曹衙罢，内省宴回。看变化则举子唱名，武人换授。仆数十年烂赏叠游，莫知厌足。一旦兵火，靖康丙午之明年，出京南来，避地江左，情绪牢落，渐入桑榆。暗想当年，节物风流，人情和美，但成怅恨。近与亲戚会面，谈及曩昔，后生往往妄生不然，仆恐浸久，论其风俗者失于事实，诚为可惜，谨省记编次成集，庶几开卷得睹当时之盛。古人有梦游华胥之国，其乐无涯者。仆今追念，回首怅然，岂非华胥之梦觉哉，目之曰梦华录。然以京师之浩穰，及有未尝经从处，得之于人，不无遗阙。倘遇乡党宿德，补缀周备，不胜幸甚。此《录》语言鄙俚，不以文饰者，盖欲上下通晓尔，观者幸详焉。

绍兴丁卯岁除日，幽兰居士孟元老序。

【文本分析】

《东京梦华录》大致包括这几方面的内容：京城的外城、内城及河道桥梁，皇宫内外官署衙门的分布及位置，城内的街巷坊市、店铺酒楼，朝廷朝会、郊祭大典，当时东京的汉族民风习俗、时令节日，饮食起居、歌舞百戏等，几乎无所不包。

作者还用大量的笔墨，记录了当时东京民间和宫廷的“百艺”，并辟《京瓦伎艺》一目，详述了勾栏诸棚的盛况及各艺人的专长。该书对宫廷教坊、男女乐工、骑手、球队也进行了描绘，特别是春日宫廷女子马球队在宝津楼下的献艺，还有火药应用于“神鬼”“哑杂剧”中增加效果等，给中国“百艺”史上留下了可贵的记录。书中关于诸宫调的渊源，诸艺的名称，讲史、小说的分类等，也受到研究中国戏曲、小说和杂技史的学者的重视。

随着时光的流逝，《东京梦华录》对后世的创作产生了巨大影响。有关新年那天的宫廷仪式部分收编在赵甡之的《中兴遗史》中，《中兴遗史》保存在《三朝北盟会编》里。陈元靓在《岁时广记》和《事林广记》（一部有关日常生活诸事物的理解性百科全书）中收编了《东京梦华录》的大部分。在此二书中，陈元靓凭借有关材料给《东京梦华录》的相关部分加入自己的解释，这就给文本的注释提供了有用的见解和补充资料。比如，在《事林广记·人部》的第二章，陈元靓引用了《东京梦华录》中有关婚礼的段落，因其过分简略，他又引用了一些他自己所处时代举行婚礼时有关的诗和曲。《岁时广记》收编了《东京梦华录》的后半部分，有的甚至照抄无误，有的则仅冠以一个自己的题目，但因为陈元靓对其资料来源一贯严肃细致的作风，也有可能他所引用的内容取自现在已不存在了的某个本子。

七、《三事忠告序》

【背景介绍】

《牧民忠告》《风宪忠告》和《庙堂忠告》，合称《三事忠告》，元代张养浩所著，是中国古代官箴书的代表。

张养浩（1269—1329），字希孟，号齐东野人，别号顺斋，晚号云庄老人，济南人。元代政治家、文学家。张养浩早年勤苦好学，山东按察使焦遂闻之，荐为东平学正。游京师，献书于平章不忽木，辟礼部令史，荐入御史台。以丞相掾选授堂邑县尹。仁宗在东宫，召为文学。拜监察御史，上疏论时政，忤时相，避害变姓名遁去。仁宗立，拜中书右司都事，迁翰林直学士。改秘书少监。延祐初（1314）恢复科举，以礼部侍郎知贡举。擢陕西行台治书侍御史。延祐四年（1317），改右司郎中，拜礼部尚书。英宗即位，命参议中书省事。以父老为由弃官归养，数召不赴。天历二年（1329），关中大旱，饥民相食，特拜陕西行台中丞。既闻命，登车就道。遇饥者赈之，死者葬之。到官四月，未尝家居，止宿公署，劳疾而卒。张养浩始终廉洁奉公、为民谏言，并形成了一系列为政观点。主要著述有《牧民忠告》《风宪忠告》《庙堂忠告》三部政论集，其中蕴含丰富的思想内涵，鲜明地体现了中国古代传统社会的政德观。他认为，作为统治者要获得长久的统治权，必须爱惜百姓，懂得百姓安居乐业才是朝廷稳固的根本。在《牧民忠告》中道：“古之为政者，身任其劳，而贻百姓以安。”为此，其主政堂邑时，亲临民事，“首毁淫祠三十余所”，使“寒者衣之，饥者食之”，极大减轻了当地百姓负担。

【正文】

《风宪忠告序》

曩闻崇安令邹从吉甫能以忠信使民，民亦乐其治。予过崇安，会从吉，问所治何先，即出书一卷曰："某不敏，粗效一官者，此书之力也。"予阅其书，则相国张文忠公为县令时所著，采（皆）古人嘉言善行，自正心修身以至事上惠下，擿奸决疑，恤隐治赋，凡可为郡县楷式者，无不曲尽其宜，且简而易行，约而易守，名之曰《牧民忠告》。及余客京师，尝于台臣之家见所谓《风宪忠告》者，言风纪要务，凡十章，亦公为御史时所著也。今年予谒闽海，监宪庄公出《风宪忠告》，将锓梓以广其传，俾予序之。予得重观是书，则叹曰：文忠真仁人也。仁者耻独善于己，己为令长，得牧民之道，欲使天下牧民之吏人人尽其道；己为宪臣，能振纪纲，慎举刺，言人所难言，欲使天下为宪臣者，人人皆然。公其心于天下而不私其身，虽令尹子文之忠，不及此也。《传》曰："仁人之言，其利博哉。"是书可谓仁人之言矣。时文忠公之子引来签闽宪，克济世德云。

至正乙未秋，林泉生序。

《风宪忠告·进书引》

右《风宪忠告》第录如上，先臣养浩所著也。伏惟世祖皇帝建御史台，将以举贤良、纠奸慝、察奇邪，兼古谏官之职，复置肃政廉访司于外，朝廷倚之而益尊，视古之风宪尤重矣。故先臣此书成，或可为执法之助。今上皇帝作新庶政，思致太平。谨缮写上进。

至正元年十一月某日，前承直郎秘书监秘书郎臣张引昧死上。

《庙堂忠告·进书引》

右《庙堂忠告》第录如上，先臣养浩之所著也。惟圣天子临御万方，明良相，逢天下之人思见太平之征，则先臣此书可以出矣。呜呼！古人居庙堂之上者，有若皋、夔、契、伊、傅、周、召，其事功犹可稽诸简册，诚能因此书溯而求之，则道揆法守于是乎在矣。

至正元年十一月，前承直郎秘书监秘书郎臣张引昧死上。

【文本分析】

“牧民”在此指的是治理人民；“风宪”意为法律风纪；“庙堂”是古代帝王祭祀、议事的场所，用于代指朝廷。《三事忠告》也就是对地方官员、监察官员和中央官员由衷的劝告。《牧民忠告》是张养浩担任堂邑县尹时所著，凡十纲二十七子目；《风宪忠告》是他任监察御史时所著，凡十篇；《庙堂忠告》是他任参议中书省事时所著，亦十篇。换句话说，《三事忠告》并非张养浩夸夸其谈的滥调文章，而是他对自己多年从政经验的感悟和总结，是他呕心沥血的作品，这本书中有着深入的研究和丰富的实践经验作为根基。再加上张养浩本身就是位文学家，书中逻辑清晰、表达简洁、微言大义，让人百读不厌，爱不释手。

《三事忠告》的三部分最初是单独流行的，明洪武二十七年（1394），广西按察司佥事黄士弘将这三本书合刊为一册，总题为《三事忠告》，广泛传布。明人张纶在《林泉随笔》中如此评价《三事忠告》：“张文忠公（张养浩死后谥文忠）《三事忠告》，诚有位者之良规。观其在守令则有守令之式，居台宪则有台宪之箴，为宰相则有宰相之谟。醇深明粹，真有德者之言也。”《四库全书总目》对其有着充分肯定：“其言皆切实近理，而不涉于迂阔。盖养浩留心视政，举所阅历者着之，非讲学家务为高论，可坐言而不可起行者也。”《三事忠告》不仅在国内盛行，还流传到了日本等国，也都受到了极大的推崇。

八、《金石录序》

【背景介绍】

宋代学者赵明诚的《金石录》是北宋以前传世钟鼎碑版铭文的集录和考订专著，在我国金石研究史上有着重要的地位。

赵明诚（1081—1129），字德父（亦作德甫、德夫），密州诸城人，出身于仕宦之家，其父挺之官至尚书右仆射兼中书侍郎。明诚从小博览经史群书，十七八岁时已喜收藏古书字画及前代金石刻词，嗜之成癖。妻李清照（号易安居士），以词名世，在金石学方面与明诚有着同样的志趣和修养。夫妇两人穷年累月，悉心搜求，摹拓传写，不遗余力。经过二十多年的努力，积得三代以来古器物铭及汉、唐石刻凡二千卷，并为之考订年月，辨伪纠谬，写成跋尾五百零二篇。在此期间，明诚历仕南北，中经“靖康之乱”，与清照几度两地暌隔，流离坎坷，家藏古物奇器及书画碑文渐次丧失，但著述之志未尝稍衰。高宗建炎三年（1129），所作《金石录》一书已初具规模，而明诚却不幸罹疾身亡，年仅四十九岁。清照中年丧夫，创巨痛深。为了实现明诚的夙愿，她不得不以病弱之身，携带这部未完成的遗稿，跋山涉水，千里转徙，尝尽了国破家亡之苦。绍兴二年（1132），清照寓居临安，开始对遗稿进行最后的笔削整理，并在两年以后写成了著名的《金石录后序》，详尽地记述了这部凝聚着明诚和她毕生心血的金石专著成书的经过。不久，《金石录》就由清照表上于朝，刊行闻世，受到了士林的推重和称扬。清人王士禛在《池北偶谈》中把《金石录》看作明诚和清照的合著。这个观点是完全符合实际的。

根据前人的记载，我国古代对于金石遗文的研究在三国魏时已发其端。阎若璩《潜邱札记》卷二云："魏太和中，鲁郡于地中得齐大夫送女器，有牺尊（古代酒器。作牺牛形，背上开孔以盛酒），王肃以证'婆娑'旧说之非……汉章帝时，零陵文学奚景于舜祠下得白玉琯，乃以玉作，传至于魏，孟康以证《律历志》'竹曰管'说之未尽。"可见当时学者已将出土古器用于旧籍的考订，但是还没有人专以此学名家的。南朝梁元帝《金楼子·著书篇》载其有《碑集》十帙百卷，可惜书早亡佚，内容已无从考见。到了北宋初年，由于统治者的重视和提倡，士大夫中私家藏器之风日盛，其仅见于《金石录》所载，就有宗室仲爰、仲忽，舍人蔡肇、祖择之，丞相吕微仲、王禹玉，内翰赵元考，学士晁无咎，公卿杨南仲、苏翰林、宋莒公，以及洛阳赵氏、刘氏和岐山冯氏、颍川韩氏、蜀人邓氏、方城范氏、南京蔡氏等二十余家。与此同时，亦出现了几部有影响的著作，如刘敞的《先秦古器图》、吕大临的《考古图》、李公麟的《古器图》、王黼的《宣和博古图》，以及欧阳修的《集古录》等，使金石研究逐渐成为一种专门的学问。以上诸书，前四者所载只限于钟鼎彝器，而《集古录》则金文石刻兼收并蓄，"自周穆王以来，下更秦、汉、隋、唐、五代，外至四海九州，名山大泽，穷崖绝谷，荒林破冢，神仙鬼物，诡怪所传，莫不皆有"（《集古录自序》），凡所集录达千卷之多，跋尾亦在四百篇以上，它的问世对于当时方兴未艾的金石考古之学起了承先启后的作用。赵明诚的《金石录》，正是在继承前辈学者已有的基础上，进一步开拓耕耘，发扬光大，成为有宋一代金石研究的集大成之作。

【正文】

《金石录序》

余自少小喜从当世学士大夫访问前代金石刻词，以广异闻，后得欧阳公《集古录》，读而贤之，以为是正讹谬，有功于后学者甚大，惜其尚有漏落，又无岁月先后之次，思欲广而成书，以传学者。于是益访求藏蓄，凡二十年而后粗备，上自三代，下讫隋、唐、五季，内自京师，达于四方遐邦绝域夷狄，所传仓史以来古文奇字、大小二篆、分隶行草之书，钟鼎、簠簋、尊敦、甗鬲、盘杅之铭，词人墨客诗歌、赋颂、碑志、叙记之文章，名卿贤士之功烈行治，至于浮屠、老子之说，凡古物奇器、丰碑巨刻所载，与夫残章断画、磨灭而仅存者，略无遗矣，因次其先后为二千卷，余之致力于斯，可谓勤且久矣，非特区区为玩好之具而已也。盖窃尝以谓《诗》《书》以后，君臣行事之迹悉载于史，虽是非褒贬出于秉笔者私意，或失其实，然至其善恶大节有不可诬，而又传之既久，理当依据。若夫岁月、地理、官爵、世次，以金石刻考之，其抵牾十常三四，盖史牒出于后人之手，不能无失，而刻词当时所立，可信不疑，则又考其异同，参以他书，为《金石录》三十卷。至于文辞之美恶，字画之工拙，览者当自得之，皆不复论。呜呼！自三代以来，圣贤遗迹著于金石者多矣，盖其风雨侵蚀，与夫樵夫牧童毁伤沦弃之余，幸而存者止此尔，是金石之固犹不足恃，然则所谓二千卷者，终归于磨灭，而余之是书有时而或传也。孔子曰："饱食终日，无所用心，难矣哉！不有博弈者乎，为之，犹贤乎已。"是书之成，其贤于无所用心，岂特博弈之比乎？辄录而传诸后世，好古博雅之士其必有补焉。

东武赵明诚序。

《金石录后序》

右《金石录》三十卷者何？赵侯德甫所著书也。取上自三代，下讫五季，钟、鼎、甗、鬲、盘、彝、尊、敦之款识，丰碑大碣、显人晦士之事迹，凡见于金石刻者二千卷，皆是正讹谬，去取褒贬。上足以合圣人之道，下足以订史氏之失者，皆载之。可谓多矣。呜呼！自王播、元载之祸，书画与胡椒无异；长舆、元凯之病，钱癖与传癖何殊？名虽不同，其惑一也。

余建中辛巳，始归赵氏。时先君作礼部员外郎，丞相时作礼部侍郎，侯年二十一，在太学作学生。赵、李族寒，素贫俭。每朔望谒告出，质衣取半千钱，步入相国寺，市碑文、果实归，相对展玩咀嚼，自谓葛天氏之民也。后二年，出仕宦，便有饭蔬衣练，穷遐方绝域，尽天下古文奇字之志。日就月将，渐益堆积。丞相居政府，亲旧或在馆阁，多有亡诗逸史、鲁壁汲冢所未见之书，遂尽力传写，浸觉有味，不能自已。后或见古今名人书画，三代奇器，亦复脱衣市易。尝记崇宁间，有人持徐熙《牡丹图》，求钱二十万。当时虽贵家子弟，求二十万钱，岂易得耶？留信宿，计无所出而还之。夫妇相向惋怅者数日。

后屏居乡里十年，仰取俯拾，衣食有余。连守两郡，竭其俸入，以事铅椠。每获一书，即同共勘校，整集签题。得书画、彝鼎，亦摩玩舒卷，指摘疵病，夜尽一烛为率。故能纸札精致，字画完整，冠诸收书家。余性偶强记，每饭罢，坐归来堂烹茶，指堆积书史，言某事在某书某卷第几叶第几行，以中否角胜负，为饮茶先后。中即举杯大笑，至茶倾覆怀中，反不得饮而起。甘心老是乡矣！故虽处忧患困穷，而志不屈。收书既成，归来堂起书库，大橱，簿甲乙，置书册。如要讲读，即请钥上簿，关出卷帙，或少损污，必惩责揩完涂改，不复向时之坦夷也。是欲求适意而反取憀慄。余性不耐，始谋食去重肉，衣去重采，首无明珠翡翠之饰，室无涂金刺绣之具。遇书史百家，字不刓缺，本不讹谬者，辄市之，储作副本。自来家传《周易》《左氏传》，故两家者流，文字最备。于是几案罗列，枕席枕藉，意会心谋，目往神授，乐在声色狗马之上。

至靖康丙午岁，侯守淄川，闻金寇犯京师，四顾茫然，盈箱溢箧，且恋恋，且怅怅，知其必不为己物矣。建炎丁未春三月，奔太夫人丧南来，既长物不能尽载，乃先去书之重大印本者，又去画之多幅者，又去古器之无款识者。后又去书之监本者，画之平常者，器之重大者。凡屡减去，尚载书十五车。至东海，连舻渡淮，又渡江，至建康。青州故第尚锁书册什物，用屋十余间，期明年春再具舟载之。十二月，金人陷青州，凡所谓十余屋者，已皆为煨烬矣。

建炎戊申秋九月，侯起复知建康府，己酉春三月罢，具舟上芜湖，入姑熟，将卜居赣水上。夏五月，至池阳，被旨知湖州，过阙上殿，遂驻家池阳，独赴召。六月十三日，始负担，舍舟坐岸上，葛衣岸巾，精神如虎，目光烂烂射人，望舟中告别。余意甚恶，呼曰："如传闻城中缓急，奈何?"戟手遥应曰："从众。必不得已，先弃辎重，次衣被，次书册卷轴，次古器；独所谓宗器者，可自负抱，与身俱存亡，勿忘之!"遂驰马去。途中奔驰，冒大暑，感疾。至行在，病痁。七月末，书报卧病。余惊怛，念侯性素急，奈何。病痁，或热，必服寒药，疾可忧。遂解舟下，一日夜行三百里。比至，果大服柴胡、黄芩药，疟且痢，病危在膏肓。余悲泣，仓皇不忍问后事。八月十八日，遂不起，取笔作诗，绝笔而终，殊无分香卖履之意。葬毕，余无所之。

朝廷已分遣六宫，又传江当禁渡。时犹有书二万卷，金石刻二千卷，器皿、茵褥，可待百客，他长物称是。余又大病，仅存喘息。事势日迫，念侯有妹婿，任兵部侍郎，从卫在洪州，遂遣二故吏先部送行李往投之。冬十二月，金寇陷洪州，遂尽委弃。所谓连舻渡江之书，又散为云烟矣。独余少轻小卷轴书帖，写本李、杜、韩、柳集，《世说》《盐铁论》，汉唐石刻副本数十轴，三代鼎鼐十数事，南唐写本书数箧，偶病中把玩，搬在卧内者，岿然独存。

上江既不可往，又虏势叵测，有弟迒任敕局删定官，遂往依之。到台，台守已遁。之剡，出陆，又弃衣被。走黄岩，雇舟入海，奔行朝，时驻跸章安，从御舟海道之温，又之越。庚戌十二月，放散百官，遂之衢。绍兴辛亥春三月，复赴越，壬子，又赴杭。

先侯疾亟时，有张飞卿学士，携玉壶过视侯，便携去，其实珉也。不知何人传道，遂妄言有“颁金”之语。或传亦有密论列者。余大惶怖，不敢言，亦不敢遂已，尽将家中所有铜器等物，欲赴外廷投进。到越，已移幸四明。不敢留家中，并写本书寄剡。后官军收叛卒，取去，闻尽入故李将军家。所谓岿然独存者，无虑十去五六矣。惟有书画砚墨可五七簏，更不忍置他所，常在卧榻下，手自开阖。在会稽，卜居土民钟氏舍。忽一夕，穴壁负五簏去。余悲恸不已，重立赏收赎。后二日，邻人钟复皓出十八轴求赏，故知其盗不远矣。万计求之，其余遂不可出。今知尽为吴说运使贱价得之。所谓岿然独存者，乃十去其七八。所有一二残零不成部帙书册，三数种平平书帙，犹复爱惜如护头目，何愚也耶！

今日忽阅此书，如见故人。因忆侯在东莱静治堂，装卷初就，芸签缥带，束十卷作一帙。每日晚吏散，辄校勘二卷，跋题一卷。此二千卷，有题跋者五百二卷耳。今手泽如新，而墓木已拱，悲夫！

昔萧绎江陵陷没，不惜国亡而毁裂书画。杨广江都倾覆，不悲身死而复取图书。岂人性之所著，死生不能忘之欤。或者天意以余菲薄，不足以享此尤物耶。抑亦死者有知，犹斤斤爱惜，不肯留人间耶。何得之艰而失之易也。

呜呼，余自少陆机作赋之二年，至过蘧瑗知非之两岁，三十四年之间，忧患得失，何其多矣！然有有必有无，有聚必有散，乃理之常。人亡弓，人得之，又胡足道！所以区区记其终始者，亦欲为后世好古博雅者之戒云。

绍兴二年玄黓岁壮月朔甲寅，易安室题。

【文本分析】

《金石录》的价值和成就，主要反映在以下几个方面：

第一，补正前贤的缺失。成书于北宋中叶的《先秦古器图》《考古图》和《集古录》等著作，在金石研究上是有着开创之功的。但是由于历史条件的限制和作者主观上的原因，它们在考订年月、论证铭文内容等方面，都存在着一定的错误和缺陷。赵明诚对此一一做了认真的考辨，其中对欧阳修《集古录》的补正最多。

第二，考订旧籍的讹谬。赵明诚在《金石录序》中指出，历代史书有关人物的“岁月、地理、官爵、世次，以金石刻考之，其抵牾十常三四，盖史牒出于后人之手，不能无失，而刻词当时所立，可信不疑”。正是基于这样的认识，他在《金石录》跋尾中充分运用“以器物碑铭验证前史”的方法，考订了传世旧籍中存在的大量讹谬。

第三，录存重要的史料。赵明诚在《金石录》中录存的史料大致分为两类，其一是历代碑铭墓志所载人物的生平行历、迁官次第及氏族世系等，其见于经传者，可以补正史之不足；其二是宋代前存世古籍的摘引，其今本脱误或者散亡者，可供校定和辑佚之用。

同时，由于史料的不足和个人闻见的局限，赵明诚对于某些问题的辩证和考订也存在一些疏漏错误的地方。例如，会稽东部都尉为西汉武帝时所置，东汉相沿不改。此官名亦见于《汉衡方碑》及《汉书》颜师古注、《后汉书》李贤注、《三国志》诸书。

九、《郡斋读书志序》

【背景介绍】

《衢本昭德先生郡斋读书志》是南宋晁公武撰写的解题私家藏书书目，共计二十卷。

晁公武（约1105—1180），字子止，号昭德先生（因祖居汴梁昭德坊），济州巨野（今山东省荷泽市巨野县）人，著名目录学家。二十余岁逢“靖康之乱”，入蜀寓居嘉州（今四川省乐山市）。南宋高宗绍兴二年（1132），登进士第，为四川转运副使井度属官。井度“天资好书”，是南宋初四川的一位藏书家，临终前将藏书尽送晁公武，成为晁撰录《郡斋读书志》的主要依据。晁公武历知合州、恭州、荣州，公务事少，遂以井度所赠，加之自己所藏，除其重复，共得书二万四千五百余卷，“日夕躬以朱黄雠校舛误，终篇，辄撮其大旨论之”，于绍兴二十一年（1151）完成编录工作，并于“元日”作了书序。

【正文】

《衢本昭德先生郡斋读书志自序》

杜邺从张京兆之子学问，王粲为蔡中郎所奇，皆尽得其家书，故邺以多闻称而粲以博物显。下逮国朝，宋宣献公亦得毕文简、杨文庄家书，故所藏之富，与秘阁等，而常山公以赡博闻于时。夫世之书多矣，顾非一人之力所能聚，设令笃好而能聚之，亦老将至而耄且及，岂暇读哉！然则二三子所以能博闻者，盖自少时已得先达所藏故也。

公武家自文元公来，以翰墨为业者七世，故家多书。至于是正之功，世无与让焉。然自中原无事时，已有火厄，及兵戈之后，尺素不存也。公武仕宦连蹇，久益穷空，虽心志未衰，而无书可读，每恨之。南阳公天资好书，自知兴元府至领四川转运使，常以俸之半传录。时巴、蜀独不被兵，人间多有异本，闻之，未尝不力求，必得而后已。历二十余年，所有甚富。既罢，载以舟，即庐山之下居焉。宿与公武厚。一日贻书曰：“某老且死，有平生所藏书，甚秘惜之。顾子孙稚弱，不自树立。若其心爱名，则为贵者所夺；若其心好利，则为富者所售；恐不能保也。今举以付子，他日其间有好学者而后归焉。不然，则子自取之。”公武惕然从其命。书凡五十箧，合吾家旧藏，除其复重，得二万四千五百卷有奇。今三荣僻左少事，日夕躬以朱黄雠校舛误。每终篇，辄撮其大指论之。岂敢效二三子之博闻，所期者不坠家声而已。书则固自若也。傥遇其子孙之贤者，当如约。

绍兴二十一年元日，昭德晁公武序。

【文本分析】

《郡斋读书志》具有多方面的学术价值。

第一，收入的图书达 1492 部，基本上包括了宋代以前各类重要的典籍，尤以搜罗唐代和北宋时期的典籍更为完备。这些典籍至今不少已亡佚和残缺，后世可据书目的提要而窥其大略。

第二，体例有严谨的安排，全目分经、史、子、集四部，部下又分 45 小类。书有总序，部有大序，多数小类前有小序，每书有解题，从而形成了一个严谨完备的体系。全书的大序、小序中，注意阐述各部各类的学术渊源和流变，发挥了古代目录学“辨章学术，考镜源流”的优良传统。尤其是他对经学素有研究，因此在经部大序、小序中，叙先秦、两汉、魏晋、中唐经学的演变和流弊富有独特的见解。

第三，由于所录各书为晁氏实藏，所以在提要中对典籍情况的介绍咸有凭据，自非其他丛抄旧录的书目所能比拟。晁氏撰写的提要不仅翔实有据，而且注重考订，内容详略得当。如在集部别集类《蔡邕集》的提要中说："凡文集其人正史有传者，止掇论其文学之辞，及略载乡里，所终爵位，或死非其理亦附见……若史逸其事者，则杂取它书详载焉，庶后有考。"其介绍作者生平、成书原委、学术渊源及有关典章制度、逸闻掌故，皆能引用唐宋实录、宋朝国史、登科记及有关史传目录，并详加考证。这些材料许多今已失传，因此晁氏所撰提要内容，很多具有较高的史料价值。

第四，《郡斋读书志》是我国现存最早的具有提要内容的私藏书目，对后世目录学影响很大。比晁公武稍后的目录学家陈振孙说："其所发明，有足观者。"陈氏所作的《直斋书录解题》就是效法《郡斋读书志》撰成的，有不少内容引用了晁氏的书目提要。宋末学者王应麟的《困学纪闻》《汉书艺文志考证》《玉海》也大量征引了《郡斋读书志》。至于元代马端临的《文献通考・经籍考》，则主要是以晁、陈二书目为蓝本编纂的。直至清代的目录巨编《四库全书总目》，仍采用《郡斋读书志》的材料多达三百多条。由此可见《郡斋读书志》在我国目录学史上的重要地位。

十、《爱日精庐藏书志序》

【背景介绍】

《爱日精庐藏书志》是清中期常熟藏书家张金吾编写的私家藏书目录，嘉庆二十五年（1820）初编成藏书志四卷，以木活字本印行。六七年后，藏书续有增加，在旧编藏书志的基础上，重加编次，附入原书序跋，编成《爱日精庐藏书志》三十六卷，《续志》四卷，于道光七年（1827）刻印问世。今通行有道光七年张金吾家刻本、光绪十三年（1887）吴县（今江苏省苏州市）徐氏灵芬阁木活字合刊本。

张金吾（1787—1829），字慎旃，号月霄，江苏常熟人。祖父张仁济（字傅霖，号敬堂）喜藏书，尤好宋元旧刻，藏书万卷，室名“照旷阁”。父张光基（字南友，一字心萱）、叔父张海鹏（字若云，一字子瑜）亦嗜书，以藏书闻名。金吾出身藏书世家，深受陶染，其中叔父影响尤甚。金吾年二十即因慕汲古毛氏（毛晋）、述古钱氏（钱曾）之遗风而笃志收藏，凡见有宋元旧椠及秘不经见者，不惜重价，要以必得。及至四十，藏书已达十万四千余卷（实不止于此），数量之巨，史之罕见。其中善本亦夥，宋刊本四十五种，元刊本一百三种，明刊本一百四种，明活字本十一种，及大量影宋写本、影元抄本、精抄本等。

【正文】

《黄序》

吾邑自明五川杨氏以藏书闻于时，厥后秦酉岩、赵清常辈继起，皆以购访古籍为事。至绛云而集其成，其储藏之富，雠勘之精，称雄海内。迨劫烧之后，尚有汲古毛氏、述古钱氏，两家鼎峙。羽翼之者有叶石君、冯已苍、陆敕先诸君子，互相搜访，有亡通假，故当时数储藏家莫不以海虞为称首。迨两家陵替，诸书散佚，吾邑藏书之风浸微，然亦未尝绝也。以余所闻，如玉照席氏（席鉴）、庆增孙氏（孙从添）、虞岩鱼氏（鱼元傅），斤斤以雪抄露校，衍其一脉，多留心于说部小集，以一二零编自喜，而于经史之大者转略焉。今得月霄张子，而曩日之风复振，骎骎乎轶两家而上之矣。月霄少孤，嗜学，甫成童时，其季父照旷主人刊《太平御览》诸书，即与校雠。少长，益耽缃素，十年来小大汇收，今古并蓄，而以宋元以上人撰述有裨经史者为之主。闻有古刻旧抄，不惜多金购访，或缮抄秘阁，或假录相知。汇前后所得，合之先人旧藏，已有八万余卷，可谓盛矣。又念唐宋元明四朝文章皆有总集，惟金源氏有中国百十余年，大定、明昌之间人文蔚起，制作焕然，自元明以来未有裒集其文者，遂矢志网罗散佚，以补一朝之缺，故于金元两代遗籍更加意搜访。中如王朋寿之《类林》、孔元措之《祖庭广记》、蔡松年之《明秀集注》与吴宏道之《中州启札》，皆当世绝无仅有之书，尤艺林所欲争先快睹者，非信好之诚不能至是。今夏曝书之暇，取凡宋元旧刻暨新旧抄帙罕见之本凡三百八十种，计一万二千卷，一切卮言小说不与其数，庋架别阁，写为《藏书志》四卷，其传本久绝佚而复出者，仿公武、直斋之例略，为解题，意在存佚继绝。初不欲示人也。余笑谓之曰："自来诸家书目，每自私其有，惟恐人知。如《读书敏求记》，至胠箧而得，传为佳话。君之此编，曷不公之于人，俾当世读书好古之士相与录副流传，一破文人结习，孰与抱残守缺，徒秘诸箧中之为得耶?"月霄欿然，因力纵臾之时，时方排印《续通鉴长编》，遂辍其暇从事焉，工竣，为弁数语于首云。

嘉庆庚辰六月初伏日，友人黄廷鉴书。

《顾序》

书之聚难而易散，自古云然矣。以予目验前者，先从兄抱冲小读书堆、我友袁寿皆五砚楼，秘笈不少，方欲一传而片纸不能守。滋兰堂主人朱文游晚年失厥嗣，手斥万签，较贩鬻家一出一入，诡得诡失，遂觉同归于尽。后者有常熟陈子准、张月霄二君，于书好同，聚同，能读同，十年以来名在人口。予频岁出游，不及与之赏奇析疑而偻指识面，所以深期之者未有艾。日月几何，闻子准夭，无子，半生心血所收，徒供族人一卖。月霄家落，责负者倾囊倒箧，捆载以去。于是属望之素，方且为之嗒然矣。忽一日，月霄迹予里中，出巨册盈尺，置几上，谓曰："此所刻《书目》《续目》也，刻才成而书散，书散可惜，刻成可喜，愿为我序之。"予曰："唯唯。"今夫书之有《目》，其途每殊，凡流传共见者固无待论，若夫月霄之《目》，乃非犹夫人之目也。观其某书，必列某本旧新之优劣、钞刻之异同，展卷具在，若指诸掌，其开聚书之门径也欤？备载各家之序跋，原委粲然，复略就自叙校雠、考证、训诂、簿录荟萃之所得，各发解题，其标读书之脉络也欤。世之欲藏书读书者苟循是而求焉，不事半功倍欤。然则此一《目》也，岂非插架所不可无而予乐为之序者哉。予又念抱冲之存，尝为《读书志》，裴回矜慎，讫未具稿。予拟撷所见诸藏书家菁华，汇著一录，而亦牵率以老，有愿未酬，以视月霄之汗青告成，才何其敏，力何其勤，殆弗可及也已。设使书于月霄，不限之以散而进之以聚，或五六年，或三四年，必再续不一续，不尽泄天地间之秘不止，而岂唯是四十卷哉。此予所以为月霄序，而含豪掩卷重为之三叹也夫！

道光七年岁在丁亥秋九月，元和顾千里撰于邗江寓次。

《旧序》

目录之名，自康成始，其有序有释，则《七略》《别录》所由昉也。

然目录之存于今者，自晁、陈两家外，惟《读书敏求记》略述源流，故储藏家每艳称之。然卮言、小说、术数、方技居其大半，下至食经、卧法、鹌谱、鸽论以及象戏之局、少林之棍、种树之书，与夫《雷神纪事》之荒诞、《孟姜女集》之无稽，兼收博采，并登簿录，虽小道可观，恐难语乎择焉而精矣。若传注之羽翼经训，史籍之纪载朝章，及有关学术政治之大者，则寥寥数种，半属习见，心窃惑之。金吾年二十始有志储藏，更十年，合旧藏新得，以卷计者不下八万。今夏略加诠次，为《目录》一十卷。继又择传本较稀及宋、元、明初刊本暨传写文澜阁本另为一编，凡万二千卷，非有裨学问、藉资考镜者不与焉。若有明及时贤著述，时代既近，搜罗较易，故亦从略。其前此逸在名山、为世所不经见者，则间附数言，以识流别，名之曰《爱日精庐藏书志》。方今文治休明，典籍赅备，海内操觚之士亦既家握随珠、人怀和璧，是区区者又奚足道。抱残守缺，挂一漏万，大惧无以塞侈然自足之讥。然大以成大，小以成小，如鼠衔姜，如虫负版，心有余而力不足也。至采录之旨、别择之意，视《敏求记》义例不无少殊。孰得孰失，必有能辨之者。若夫矜宋刻之精，标钞帙之富，则吾岂敢。

嘉庆庚辰仲夏，昭文张金吾识。

《新序》

人有愚智贤不肖之异者，无他，学不学之所致也。然欲致力于学者，必先读书；欲读书者，必先藏书。藏书者，诵读之资而学问之本也。汉唐以来，书皆传写。后唐始有镂板，自是厥后，书日益多。至于今，辇数千金至市，可立致万卷，则当今日而言藏书，亦何足贵。然而藏书不易言矣。著录贵乎秘，秘籍不尽可珍；椠本贵乎宋，宋椠不尽可宝，要在乎审择而已。夫所谓审择之者何也？宋、元旧椠，有关经史实学而世鲜传本者，上也。书虽习见，或宋、元刊本，或旧写本，或前贤手校本，可与今本考证异同者，次也。书不经见，而出于近时传写者，又其次也。而要以有裨学术治道者为之断，此金吾别择之旨，不无少异于诸家者也。庚辰夏，编《藏书志》四卷，以活字印行。六七年来，增益颇多，乃重加编次，附入原书序跋，厘为三十六卷，仍其名曰《爱日精庐藏书志》。窃尝论之，藏书而不知读书，犹弗藏也；读书而不知研精覃思，随性分所近，成专门绝业，犹弗读也。金吾少学为诗，稍长读书照旷阁，与校《太平御览》诸书，为校雠之学者有年。其后泛滥六籍，为考证之学者有年。又其后究心经术，尊汉学，申古义，为声音训诂之学者又有年。继而讲求古籍，考核源流，则杂以簿录之学；纂集经说，采辑金文，则杂以荟萃之学。迄今年垂四十，学问无闻，盖藏而不读，读而不专之过也。然尊闻行知，含英咀实，广以观万，约以守一，视世之玩物丧志者，似有间矣。宋黄庭坚有言曰："士大夫家子弟，不可令读书种子断绝。有才气者出便名世矣。"丁凯有言曰："吾聚书多矣，必有好学者为吾子孙。"是则金吾藏书之意也夫！

道光丙戌春三月，昭文张金吾识。

【文本分析】

以上几篇序文中，黄廷鉴序介绍了藏书家张金吾藏书的丰富，特别是其继承了常熟派藏书的特点。顾广圻序则突出强调张金吾所编书目具有"开聚书之门径""标读书之脉络"的特点，已经指出其与以往藏书目录的不同。《旧序》是张金吾第一次编印本时所作序文，其对于该书的体例设定是"视《敏求记》义例不无少殊"，主要的参考目标是《读书敏求记》。而其在六七年后写成的《新序》，较之先前已有很大改变，参考目标也不再是《读书敏求记》了。以上几篇序文，对了解清代中期私家藏书目录的发展提供了具体的范例。

第三章　子部文献

子部文献概说

子部，是我国古代图书四部分类法（经史子集）中的第三大类，专列诸子百家及艺术、谱录等书，也称“丙部”。

春秋战国时代，由于社会政治、经济和文化发生急剧变化，从而在学术思想领域形成百家争鸣的局面。许多思想家四方游说，著书立说，逐渐形成不同的学术思想流派。后世将这些思想流派的代表人物称为“子”，称其书为“子书”，如《墨子》《庄子》《韩非子》《公孙龙子》等。这就是子部书的起源，古典目录泛称“诸子”。

汉代以后，随着儒家学说统治地位的确立，子部书籍的内容又有了新的变化，涵盖了新的内容，主要有社会科学与自然科学两大类。到了清代的《四库全书总目》，已经将子部分为：儒家、兵家、法家、农家、医家、天文算法、术数、艺术、谱录、杂家、类书、小说、释家、道家，共14类。

子部文献内容丰富驳杂，是我们今日了解古代科技、宗教、艺术、思想等内容的重要来源，其价值意义不容小觑。

《四库全书总目·子部总叙》

自《六经》以外，立说者皆子书也。其初亦相淆，自《七略》区而列之，名品乃定；其初亦相轧，自董仲舒别而白之，醇驳乃分。其中或佚不传，或传而后莫为继，或古无其目而今增，古各为类而今合，大都篇帙繁富，可以自为部分者。儒家之外，有兵家，有法家，有农家，有医家，有天文算法，有术数，有艺术，有谱录，有杂家，有类书，有小说家；其别教则有释家，有道家。叙而次之，凡十四类。儒家尚矣。有文事者有武备，故次之以兵家，兵，刑类也。唐虞无皋陶，则寇贼奸宄无所禁，必不能风动时雍，故次以法家。民，国之本也；谷，民之天也，故次以农家。本草经方，技术之事也，而生死系焉；神农黄帝，以圣人为天子，尚亲治之，故次以医家。重民事者先授时，授时本测候，测候本积数，故次以天文算法。以上六家，皆治世者所有事也。百家方技，或有益，或无益，而其说久行，理难竟废，故次以术数。游艺亦学问之余事，一技入神，器或寓道，故次以艺术。以上二家，皆小道之可观者也。《诗》取“多识”，《易》称“制器”，博闻有取，利用攸资，故次以谱录。群言岐出，不名一类，总为荟粹，皆可采摭菁英，故次以杂家。隶事分类，亦杂言也，旧附于子部，今从其例，故次以类书。稗官所述，其事末矣，用广见闻，愈于博弈，故次以小说家。以上四家，皆旁资参考者也。二氏，外学也，故次以释家、道家终焉。夫学者研理于经，可以正天下之是非；征事于史，可以明古今之成败，余皆杂学也。然儒家本六艺之支流，虽其间依草附木，不能免门户之私，而数大儒明道立言，炳然具在，要可与经史旁参。其余虽真伪相杂，醇疵互见，然凡能自名一家者，必有一节之足以自立，即其不合于圣人者，存之亦可为鉴戒。虽有丝麻，无弃菅蒯，狂夫之言，圣人择焉，在博收而慎取之尔。

【选文说明】

本章选文《读书分年日程序》、《火攻挈要》三篇、《农书》三篇、《天工开物》三篇、《本草纲目序》、《几何原本序》、《宣和画谱》三篇、《乐律全书》一篇、《遵生八笺》一篇、《册府元龟》一篇。

一、《读书分年日程序》

【背景介绍】

《读书分年日程》是元代程端礼编写的一部论述家塾教学程序的专著，史称“读书工程”或“进学规程”。

程端礼（1271—1345），字敬叔、敬礼，号畏斋，庆元鄞县（今浙江省宁波市）人，元代学者、教育家。至元、延祐年间先后为广德建平县（今安徽省宣城市郎溪县）、池州建德县（今浙江省建德市）儒学教谕，后历台州路（今浙江省临海市）、衢州路（今浙江省衢州市）儒学教授及稼轩、江东书院山长。生徒甚众，学宗朱熹。著作有《畏斋集》《读书分年日程》等。

程端礼在长期的教育实践中，觉察到当时许多儒学学校一味强调“背文”“学文”，忽视道德修养，忽视基础知识的教学，也不重视认真读书和培养良好的读书风气，总想让学生早日参加科举考试，一举成名。这样下去，学生不能真正“读书明理”，终造成“失序无本，欲速不达”的局面。他认为学校教育应规定一套严密的教学程序与教学计划，让学生学习有一定的程序，遵循一定的步骤与方法。这样，学生毕业了，既能“读书明理”，又能适应科举考试的需要，从而“使理学与举业毕贯于一”。所以他按照朱熹“为学之道，莫先于穷理；穷理之要，必在于读书”的原则，编撰了《读书分年日程》。

【正文】

《读书分年日程序》

今父兄之爱其子弟，非不知教，要其有成，十不能二三，此岂特子弟与其师之过？为父兄者，自无一定可久之见，曾未读书明理，遽使之学文。为师者，虽明知其未可，亦欲以文墨自见，不免于阿意曲徇，失序无本，欲速不达。不特文不足以言文，而书无一种精熟，坐失岁月，悔则已老。且始学既差，先入为主，终身陷于务外，为人而不自知，弊宜然也。

孔子之教序，志道、据德、依仁居游艺之先。《周礼·大司徒》列六艺居六德六行之后。本末之序，有不可紊者。今制取士，以德行为首，经术为先，词章次之，盖因之也。况今明经一主朱子说，使理学与举业毕贯于一，以便志道之士。汉唐宋科目所未有也，诚千载学者之大幸，尚不自知而忍紊之邪？嗟夫！今士之读经，虽知主朱子说，不知读之固自有法也。读之无法，故犹不免以语言文字求之，而为程试资也。昔胡文定公于程学盛行之时，有不绝如线之叹。窃恐此叹将复见今日也。余不自揆，用敢辑为《读书分年日程》，与朋友共读，以救斯弊。盖一本辅汉卿所粹《朱子读书法》修之，而先儒之论有裨于此者，亦间取一二焉。嗟夫！欲经之无不治，理之无不明，治道之无不通，制度之无不考，古今之无不知，文词之无不达，得诸身心者，无不可推而为天下国家用。窃意守是，庶乎本末不遗，而工夫有序，已得不忘而未能日增，玩索精熟而心与理相浃，静存动察而身与道为一，德形于言辞而可法可传于后，较其所就，岂世俗偏长一曲之学所可同日语哉。

延祐二年八月，鄞程端礼书于池之建德学。

【文本分析】

《读书分年日程》中提出的教学内容与方法紧密联系学生的学习和日

常生活，从写字、阅读、写作和语言表达等许多方面，对学生的学习进行具体指导。这里笔者仅列举以下几例。

第一，写字。程端礼认为写字是从小就应该打下的基础。他提出了很多的方法，如通过大量的阅读扩展认字数量，对每天的写字数量都要有规划，写字态度要端正，“写字必楷敬，勿草，勿欹倾，几案必整齐”。同时，通过一些工具书进行自我考试，提升自己的写字水平。

第二，阅读。程端礼认为老师应该给学生留有理解和思考的空间，以提高学生的读书兴趣，并且要由浅入深。程端礼大体是按照朱子的“读书六法”去要求学生的，即循序渐进、熟读精思、虚心涵泳、切己体察、着紧用力和居敬持志。在抄书、思书、背书方面，程端礼要求学生在抄书时要进行背诵和思考，他录入了《批点经书凡例》和《批点韩文凡例》，同时还发明了“读书日程空眼簿”。

第三，写作。程端礼在教学中非常注重实用写作。程端礼认为首先需要掌握的是科举作文这种文体；其次是学习作史，作史不仅要学习作史的方法，更应当时刻将修史当作自己的目标；再就是注重学习写策论，学会如何分析政策的利弊；最后要掌握经问和经义这两种实用性文体。他认为写作要注重积累，多认真模仿或细心借鉴名家之作，下笔时不要有太多顾虑，先大胆写，再进行雕琢。

第四，说经。说经的最终目的是保证学生对文章的精神融会贯通，程端礼强调“不可杜撰以误人，宁以俗说粗解却不妨”。他认为学生需要进行“说经”训练，说出自己对文章的理解，这也说明程端礼看到了口头语言表达的重要性。

二、《火攻挈要》三篇

【背景介绍】

《火攻挈要》，明末系统总结火器技术的著作。汤若望（德国耶稣会传教士 J. A. 沙尔·冯·贝尔）授，焦勖（安徽宁国人）纂，赵仲（河北涿鹿人）订。该书撰写于崇祯十六年（1643）。

《火攻挈要》原为上、下两卷，另附《火攻秘要》一卷。清道光年间，潘仕成辑《海山仙馆丛书》曾收入上述两书，合称为《火攻挈要》（又题为《则克录》），改成上、中、下三卷，共 4 万余字，图 27 幅。明崇祯年间，为适应同后金作战的需要，明廷在北京设立铸炮所，聘请天主教耶稣会传教士汤若望监制西式大炮，并要他将技术传授给工部“兵仗局”。于是焦勖集中了明代火器的技术成就，并吸收了西方造炮技术的先进成果，集“名书之要旨，师友之秘传，及苦心之偶得”，撰成《火攻挈要》一书。该书上卷详细介绍火铳制造的工艺及种类，并对佛郎机、鸟枪、火箭、喷火筒等火器的制造作了简要说明；中卷分别介绍各种火药的制作、贮藏、性能、配方和火铳的试放、安装、教练、搬运等内容；下卷具体介绍火器制造中一些应注意的问题和在各种情况下火器的应用。此外，《火攻挈要》还涉及不少西方关于冶铸、机械、化学、力学、数学等方面的知识。该书总结了明军使用火器同后金作战的经验教训，翻译介绍了欧洲先进的军事技术知识，成为明末火器技术的重要著作。该书对西方新式火器在中国的进一步传播产生了重大影响。

【正文】

《火攻挈要自序》

中国之火攻备矣，其书亦綦详矣，似无容后人可赘一词。然而时异势殊，有难以今昔例论，深心者更不可不审机观变，对症求药之为愈也。即古今兵法言之，如《武经总要》《武学大成》《武学枢机》《纪效新书》《练兵实纪》《练兵全书》《登坛必究》《武备志》《兵录》《一览知兵》诸书所载火攻，颇称详备，然或有南北异宜，水陆殊用，或利昔而不利于今者，或更有摭拾太滥，无济实用者，似非今日救急之善本也。至若火攻专书，称《神威秘旨》《大德新书》《安攘秘着》，其中法制虽备，然多纷杂滥溢，无论是非可否，一概刊录，种类虽多，而实效则少也，如《火龙经》《制胜录》《无敌真诠》诸书，索奇觅异，巧立名色，徒炫耳目，罕资实用。惟赵氏藏书《海外火攻神器图说》《祝融佐理》，其中法则规制，悉皆西洋正传。然以事关军机，多有慎密，不详载、不明言者，以致不获兹技之大观，甚为折冲者之所歉也。勖质性愚陋，不谙韬钤，但以虏寇肆虐，民遭惨祸，因目击艰危，感愤积弱，日究心于将略，博访于奇人，就教于西师，更潜度彼己之情形，事机之利弊，时势之变更，朝夕讲究，再四研求，只为痴愤所激然耳。乃二三知己误以勖为深谙兹技，每问器索谱，勖茫无以应，因不揣鄙劣，姑就名书之要旨，师友之秘传，及苦心之偶得，去繁就简，删浮采实，释奥注明，聊述成帙，公诸同志以备参酌云尔。

崇祯癸未孟夏，后学焦勖谨识。

【文本分析】

明朝中期开始，随着葡萄牙商船到达中国的传教士们，也将西方的火器知识带到了中国。由于明朝对于撰写兵书、发明火器都给予奖励，因此也使得不少士大夫开始有意识地接触并引入西方火炮书籍。其中，明朝后期有三本重要的军事著作，都以介绍西方火器为主：其一是万历三十四年（1606）何汝宾所著《兵录》；其二是崇祯五年（1632）孙元化所著《西法神机》；最后一部是崇祯十六年（1643）汤若望授、焦勖纂《火攻挈要》。《兵录》全文 25 万字，配 484 张图，是目前所知最早收录西方兵器的一部中国兵书。《兵录》作者何汝宾，字寅之，一作仲升，吴郡（今江苏省苏州市）人，出身将门，受家庭影响，少年习武，于兵书无所不窥，积累了较丰富的军事资料。除此之外我们对其知之甚少，据其自序所说，该书是他家居无聊时，批阅古今兵法，总括其要，从而采辑而成的。因此可以说他是个编辑，而不是作者。从《兵录》的内容也可以得知，其一半是采用了宋代曾公亮的《武经总要》，一半则抄译自西方书籍。剩余两部的成书年代较近。《西法神机》作者孙元化是徐光启的爱徒之一，是明末“西法党”（多为奉教人士）举足轻重的人物。据台湾学者黄一农考证，《西法神机》成书于天启二年至天启四年间，也就是 1622 至 1624 年左右。由汤若望口述的《火攻挈要》在内容上与《西法神机》有诸多相似，因此也被称为姊妹篇。

这个时期中国的兵书除了像戚继光等人根据练兵实战经验编撰的书籍（如《纪效新书》和《练兵杂记》）外，很多是纸上谈兵的书生所写，他们并无实际经验，要么编译外文著作，要么直接抄写，因此形成的著作大多流于空谈。孙元化前往辽东时试造火炮，但大多数爆膛，到后来在登莱带兵，有点儿像是赵括，辽东失利在很大程度上与其带兵无方有着莫大的关系。

【正文】

《教习装放次第及凉铳诸法》

西洋教练火器，未肯令草率粗疏之人便许当兵食粮，必另有学教官，大设教场，听从民间愿习武者，各开籍贯投词，里老亲族连络保结，送入学内，投拜学师，群居肄业，教官量材教授各艺，朝夕演习，就如幼童学艺一般，不得时刻间断，以期速成。俟艺将熟，教官自行十日一考。先将应用什物查看，如一有遗忘、一不如法者，即照例行罚。次以考艺簿册，每人各居一行，注名于下，上三等九级款例，随艺填注高下，进者有赏，退者有罚，原等者免罚，再次原等者量责示辱，以为激劝，三次原等者倍责，四次原等者再责，五次原等者免责，逐回改业。

又约学艺限期以一季为度，必欲造成，若逾期不成，即行革退，不许复留，以滋劳费。其一应器械饭食悉系官给，学者一无所费，但亦无廪粮，必俟学成精艺，方许教官开送选武官处，先将一切器械药弹等件逐一察验是否全备合法，验毕无差，然后试演各技，大约以十发而仅中五六者止称通艺，不准收用，仍令回学再习；十发不差一者称为成艺，方准收入营内，厚给廪粮衣甲等件，候用立功，即名武士，其体仪服饰，咸旌异之，以示高贵。百发不差一者始称精艺，其给廪旌异超等优示。其教官之责，即以所教武士技艺之精粗多寡以为升降赏罚。其余法制，另详《将略·练艺卷》内。

凡初学火器，无论大小新旧，切不可遽用常药装放。盖铳冷及天冷，虽厚者亦怕惊裂，必先用半药烘过一二次，然后照常装放，屡试无病，方可以授学者。凡初学，切不可用他人及未经惯者装造之铳，倘偶有装成者，亦必用搠杖探过深浅如何，然后可免疏虞。

凡弹，必要逐一看验圆润与否，务与铳相合，仍将各弹俱要装入本铳筒内，上下滚过不碍，止略小一线，则出便利而铳亦不受伤。

凡初学，先将铳身安置平正，以照门、照星对准靶子，令学者做成架势，着信药放火池内，傍着一人点火，看烟起时，头不仰避，目不闪动。然后令其自点，看头、目、两手不动。然后着药在内，撞紧空放，看铳响时，身子、头、眼俱不慌乱。然后着弹打靶。盖初学秘法全在循序而进，久练熟惯以使胆壮心定，则技自能渐精。若不循次序，遽令着弹打靶，则心惊手颤，诸弊不可除矣。凡装铳，必先以铳帚细细扫净，然后装药下弹，盖恐铳筒之内略有沙土，则出弹猛烈而坏矣。

凡装药，用合式铜锹素经量称药数有定准者，每次用药一锹，装入筒内底边，用药撞撞紧，然后下弹。又法，恐用锹稍迟，先以员木照铳口空径，或布或裱纸，照样做成药袋，长四径有余。量准药数定规，俟装满封固缚紧，照铳口略小一分，以便装入不致滞涩。上书以号，以免差误。临用，装入铳肠撞紧，以铁锥破其布纸，用信药引放，尤觉便利，不致迟误。

凡装弹，先用故绢包裹缚匀，或故布亦可，塞入铳肠，庶免宽而滚溜。又须紧贴药上，则火力猛烈，出弹自远而且准矣。

凡打靶，先以右眼对照门、对照星，照星与靶或偏上下，学者必须备细详察其性，看其所发之弹落头偏向如何，随偏凑就，则万无一失者矣。

凡铳靶，以木为框，高六尺，阔一尺五寸，外钉芦席，糊盖白纸，上画红日三轮。立于平净松土之地，以便弹落尘起，得知落头偏向之病。其靶之远近，如小者自六十步起以至百步，大者自百步以至二百步。若太远则眼力有限，不便看利弊。

凡铳，若放火筒热，则以铳帚蘸米醋搅润内外，则醋行火敛，不必待凉而可装放。

凡鸟枪放法，西洋多站立，侧身向前，以单手挺架而点放者，亦有左手之下加一拄杖者。盖因彼处战斗多用步兵，且器技相等，兼以习惯艺精，拼死泼战，始宜此法耳。若教练我军以御强虏，自非攒营结阵而进，万不能当。今之鸟铳又有于前床一尺之下顺安指大支棍二根，长二尺，于棍头二寸之际销孔，以粗绵绳拴系活扣，可以交叉为鼓架之形。临放，先将支棍架定枪首，铳士蹲足，以铳尾安架左膝之上，庶前后稳当，不致摇动，而可从容以讨准矣。放完，将支棍顺床拴定，更为轻便。

凡初学秘要，首欲习惯精熟，练壮胆气，以从容审决，必中为主。若略生疏，则手慌心乱，慌促必难命中，且行军所带药弹有限，临敌忙迫，装放亦甚艰难，况火器又在诸器之先，交锋之始，凡欲壮我军之胆，挫敌人之气，胜负关头全在此铳之中与不中，又岂容莽撞乱放，以致误事哉？司教练者谨记之。

《攻铳说略》

西洋攻铳极大，名“虎唬”“狮吼”“飞彪”诸种，用铁弹重百斤至五六百斤者。盖取弹重力大，用以攻击坚城，无有不崩溃矣。但铳体重滞，少则数万斤，多数十万斤，断非车轴马牛及人力所能运动者。其法，即于敌城之外三五里之内择有山岗崖岸墩台之处，或立筑活机城台以避城中外击之患；次于平城筑起土台，计算尺量，即就台心于模底之上，预为径寸泥绳，以为火门之模，造完看实炼干，旁置大炉数座，将铁一齐化开，注入模内，俟稍冷，将铁取出，火门通开，灰土扫净，不须镟塘齐口，即时可用。其飞彪铳亦有就地挖模铸成者，但铸造之际定要算就铳规十一度之例，以定模体，则俟铳之铸成，不必挪动，即可装用。盖因铳重，实不能挪动故也。如虎唬、狮吼，则于铸成之时即于铸旁地上酌量铳规，比照攻城度数之例，应得宽窄高下如何，开挖停当，将铳放倒即可装用，盖亦以铳体太重，不比他铳可以置之车上任意转动故也。

【文本分析】

我国古人所称之“铳”，包括今日小口径的“枪”以及大口径的“炮”两种武器。选文分别选取了与枪械射击练习相关的《教习装放次第及凉铳诸法》及介绍重型火炮的《攻铳说略》。

明代前期是火器发展的鼎盛时期，无论是各类火器的制造，还是使用火器的战术，都处于世界领先水平，在战争史上拥有一席之地。然而，明朝的火器技术在其后的发展中出现了波折，不但未能保持领先于世界的水平，反而逐渐落后于时代。欧洲的火器不可避免地传入了中国，明人不得不反过来虚心加以学习。而在西式火器中，著名的有“火绳枪”与“佛朗机炮”。《教习装放次第及凉铳诸法》提到的就是火绳枪。这种新式武器传到东亚，与欧洲的航海家们开辟东西方之间的新航路有关。当时，西班牙与葡萄牙这两个早期殖民帝国远涉重洋，使用先进的火器不断侵入非洲、亚洲及美洲。随着殖民者海外扩张的进一步加剧，火绳枪也大约在16世纪中期的正德至嘉靖年间开始出现在中国的沿海。明嘉靖元年（1522），明军在广东沿海的西草湾一带缴获了两艘为非作歹的葡萄牙船，接触到了先进的火绳枪，但没有立即进行仿制。明嘉靖二十七年（1548），沿海驻军又在双屿岛之战中击败了一股海盗，在战利品中同时发现了日本人与葡萄牙人制造的火绳枪，并察觉日本人的枪械比葡萄牙人的更加精良。因此，明朝专门制造兵器的有关部门便开始仿制日式火绳枪。《火攻挈要》即编写于这一时期，这说明当时我国的军事家已经及时将这一从西方引入的先进武器投入实战，并且又结合实际的操练、使用，制定出了更符合中国战场实际需要的规范。

相对于火枪的引进，明代火炮的学习研发则更为艰辛。据史料记载，国人是在明正德年间第一次在葡萄牙人的船上见到了“佛郎机炮”这种西洋火炮。后来野心满满的葡萄牙殖民者确实做出了一系列有伤风化的挑衅行为，烧杀抢掠，最后经过官民激战，以明朝军方的胜利结束，作战过程中明朝军方缴获了葡萄牙的火炮。军方得到火炮以后，立马派人对它进行了研究拆解。在拆解过程中，专家发现佛朗机炮在结构上与明朝铳炮大相径庭，佛朗机炮具备更强大的杀伤力，子铳更替方便快捷，可以节约作战时间，而且射程更远，命中率更高，能够装填更多的火药，所以后期明朝军方开始大量仿造佛朗机炮。当时明朝军方的仿造并不是完全的照搬，而是注入了自己的设计，创造了不同型号的佛朗机炮，并且在戚继光作战中大量使用了仿制的佛朗机炮。而《攻铳说略》中提到西洋火炮已经是“红夷大炮”了，这种炮最初出现在荷兰侵略者和明军交战的战场上，当时的明军已经发现这种火炮威力巨大。后来随着女真势力的逐渐强大，明朝统治者决定引进这种大炮，最初是由徐光启联络李之藻等人以私人出资购买的方式向澳门葡萄牙人购买红夷大炮。之所以叫这个名字，是因为外国人的外貌特征与中国人不同，早期称之为“红夷大炮”，但是觉得这样的名字不好听，则又改成了“红衣大炮”。天启元年（1621）五月，朝廷聘请外籍专家讲解红衣大炮，在拆解研究以后，红衣大炮迅速代替了佛朗机炮的位置，成为一股新的火器潮流。崇祯皇帝继位后，徐光启等人组织相关人员进行仿制，并在技术上做出了革新，突破了原有瓶颈，让红衣大炮的威力更加无敌。所以其实明朝军事家在仿造火器这方面的工作是相当出色的，他们虚心求教，从不盲目自信，在实践中寻找机会，蓄力而上，苦心研究出了西方火炮的口径、炮身长度、弹丸重量以及炮筒厚度之间的联系，从而在技术上实现了质的飞跃。《攻铳说略》便是编写于这一时期，体现出明代军事家对西方火炮在特征、性能方面的关注。

三、《农书》三篇

【背景介绍】

王祯的《农书》兼论中国北方和南方农业技术，在中国古代农学著作中占有重要地位。中国古代劳动人民积累了数千年的耕作经验，留下了丰富的农学著作。先秦诸书中多含有农学篇章，《农书》在前人著作基础上，第一次对所谓的广义农业生产知识做了较全面系统的论述，提出了中国农学的传统体系。

王祯（1271—1368），字伯善，元代东平（今山东省泰安市东平县）人。中国古代农学家、农业机械学家。元成宗时曾任宣州旌德（今安徽省宣城市旌德县）县尹、信州永丰（今江西省上饶市广丰区）县尹。他在为官期间，生活俭朴，捐俸给地方上兴办学校，修建桥梁、道路，施舍医药，确实给两地百姓做了不少好事。时人颇有好评，称赞他“惠民有为”。王祯像我国古代许多知识分子一样，也继承了传统的“农本”思想，认为从中央到地方政府的首要政事就是抓农业生产。王祯同时代人戴表元所写《王伯善农书序》中说，王祯在旌德和永丰任职时，劝农工作取得很大成效，政绩斐然。所采取的方法是每年规定农民种桑树若干株；对麻、苎、禾、黍、辫麦等作物，从播种以至收获都一一加以指导；他又“以身率先于下”“亲执耒耜，躬务农桑”。最后，王祯把教民耕织、种植、养畜所积累的丰富经验，加上搜集到的前人有关著作资料，编撰成《农书》。

【正文】

《翻车》

翻（甫烦切）车，今人谓龙骨车也。《魏略》曰："马钧居京都，城内有地可为园，无水以灌之，乃作翻车，令儿童转之，而灌水自覆。"汉灵帝使毕岚作翻车，设机引水，洒南北郊路。则翻车之制，又起于毕岚矣。今农家用之溉田。其车之制：除压栏木及列槛桩外，车身用板作槽，长可二丈，阔则不等，或四寸，至七寸，高约一尺。槽中架行道板一条，随槽阔狭，比槽板两头俱短一尺，用置大小轮轴。同行道板上下通周以龙骨板叶。其在上大轴，两端各带拐木四茎，置于岸上木架之间。人凭架上，踏动拐木，则龙骨板随转，循环行道板刮水上岸。此翻车之制关楗颇多，必用木匠，可易成造。其起水之法，若岸高三丈有余，可用三车，中间小池，倒水上之，足救三丈已上高旱之田。凡临水地段皆可置用，但田高则多费人力。如数家相助，计日趋工，俱可济旱。水具中机械巧捷，惟此为最。

东坡诗云：翻翻联联衔尾鸦，荦荦确确蜕骨蛇。分畦翠浪走云阵，刺水绿秧抽稻芽。洞庭五月欲飞沙，鼍鸣窟中如打衙。天公不念老农泣，唤取阿香推雷车。

《筒车》

流水筒轮。凡制此车，先视岸之高下，可用轮之大小，须要轮高于岸，筒贮于槽，乃为得法。其车之所在，自上流排作石仓，斜擗水势，急凑筒轮。其轮就轴作毂，轴之两傍，阁于桩柱山口之内。轮辐之间，除受水板外，又作木圈缚绕轮上，就系竹筒或木筒于轮之一周，水激轮转，众筒兜水，次第下倾于岸上所横木槽，谓之天池，以灌田稻。日夜不息，绝胜人力，智之事也。

若水力稍缓，亦有木石制为陂栅，横约溪流，旁出激轮，又省工费。或遇流水狭处，但垒石敛水凑之，亦为便易。此筒车大小之体用也。有流水处俱可置此。但恐他境之民未始经见，不知制度，今列为图谱，使仿效通用，则人无灌溉之劳，田有常熟之利，轮之功也。

张安国诗云：象龙唤不应，竹龙起行雨。联绵十车辐，咿轧百舟橹。转此大法轮，救汝旱岁苦。横江锁巨石，溅瀑叠城鼓。神机日夜运，甘泽高下普。老农用不知，瞬息了千亩。抱孙带黄犊，但看翠浪舞。余波及井臼，舂玉饮酥乳。江吴夸蹋车，足茧腰背偻。此乐殊未知，吾归当教汝。

《造活字印书法》

伏羲氏画卦造契，以代结绳之政，而文籍生焉。（注云，书字于木，刻其侧以为契，各持其一，以相考合。）黄帝时，仓颉视鸟迹以为篆文，即古文科斗书也。周宣王时，史籀变科斗而为大篆。秦李斯损益之而为小篆，程邈省篆而为隶。由隶而楷，由楷而草，则又汉魏间诸贤变体之作。此书法之大概也。或书之竹，谓之竹简；或书于缣帛，谓之帛书。厥后文籍浸广，缣贵而简重，不便于用，又为之纸（帋），故字从巾。按，《前汉·皇后纪》已有赫蹄纸。至后汉，蔡伦以木肤、麻头、敝布、鱼网造纸，称为“蔡伦纸”。而文籍资之以为卷轴，取其易于卷舒，目之曰“卷”。然皆写本，学者艰于传录，故人以藏书为贵。五代唐明宗长兴二年，宰相冯道、李愚请令判国子监田敏校正九经，刻板印卖，朝廷从之。锓梓之法，其本于此。因是天下书籍遂广。

然而板木工匠，所费甚多，至有一书字板，功力不及，数载难成。虽有可传之书，人皆惮其工费，不能印造传播后世。有人别生巧技，以铁为印盔界行，内用稀沥青浇满，冷定，取平，火上再行煨化，以烧熟瓦字排于行内，作活字印板。为其不便，又有以泥为盔界行，内用薄泥，将烧熟瓦字排之，再入窑内烧为一段，亦可为活字板印之。近世又有铸锡作字，以铁条贯之作行，嵌于盔内界行印书。但上项字样难于使墨，率多印坏，所以不能久行。

今又有巧便之法，造板木作印盔，削竹片为行，雕板木为字，用小细锯锼开，各作一字，用小刀四面修之，比试大小高低一同，然后排字作行，削成竹片夹之。盔字既满，用木掮掮之，使坚牢，字皆不动，然后用墨刷印之。

写韵刻字法，先照监韵内可用字数，分为上下平、上、去、入五声，各分韵头校勘字样，抄写完备。择能书人取活字样制大小，写出各门字样，糊于板上，命工刊刻。稍留界路，以凭锯截。又有如助辞“之”“乎”“者”“也”字及数目字，并寻常可用字样，各分为一门，多刻字数，约有三万余字。写毕，一如前法。今载立号监韵活字板式于后，其余五声韵字俱要仿此。（后附韵字略）

锼字修字法，将刻讫板木上字样，用细齿小锯每字四方锼下，盛于筐筥器内。每字令人用小裁刀修理齐整。先立准则，于准则内试大小高低一同，然后另贮别器。

作盔嵌字法，于元写监韵各门字数嵌于木盔内，用竹片行行夹住。摆满，用木掮轻掮之，排于轮上。依前分作五声，用大字标记。

造轮法，用轻木造为大轮，其轮盘径可七尺，轮轴高可三尺许。用大木砧凿窍，上作横架，中贯轮轴，下有钻臼，立转轮盘，以圆竹笆铺之，上置活字板面，各依号数，上下相次铺摆。凡置轮两面，一轮置监韵板面，一轮置杂字板面。一人中坐，左右俱可推转摘字。盖以人寻字则难，以字就人则易，此转轮之法，不劳力而坐致。字数取讫，又可铺还韵内，两得便也。今图轮像监韵于后。（图略）

取字法，将元写监韵另写一册，编成字号，每面各行各字俱计号数，与轮上门类相同。一人执韵依号数喝字，一人于轮上元布轮字板内取摘字只，嵌于所印书板盔内。如有字韵内别无，随手令刊匠添补，疾得完备。

作盔安字刷印法，用平直干板一片，量书面大小，四围作栏。右边空，候摆满盔面，右边安置界栏，以木掮掮之。界行内字样须要个个修理平正。先用刀削下诸样小竹片，以别器盛贮。如有低邪，随字形衬䇢。掮之，至字体平稳，然后刷印之。又以棕刷顺界行竖直刷之，不可横刷。印纸亦用棕刷顺界行刷之。此用活字板之定法也。

前任宣州旌德县县尹时，方撰《农书》，因字数甚多，难于刊印，故用己意，命匠创活字，二年而工毕。试印本县志书，约计六万余字，不一月而百部齐成，一如刊板，使知其可用。后二年，予迁任信州永丰县，挈而之官。是《农书》方成，欲以活字嵌印。今知江西，见行命工刊板，故且收贮，以待别用。然古今此法未见所传，故编录于此，以待世之好事者，为印书省便之法，传于永久。本为《农书》而作，因附于后。

【文本分析】

水车有两种类型。一种是以链传动为主的，称为“翻车”；另一种是轮传动的，称为“筒车”。前者的出现要早于后者。

马钧制造的翻车有一丈二尺长，四尺多宽，全车用木板制成。车前部有一个凹槽，里面架设一块行道板，这块板比槽板要稍窄一点儿，上面置大小两个轮轴。行道板下有可以活动的龙骨，大轴两头有四根拐木。使用时，人站在架子上用脚踩动拐木，龙骨便会旋转，带动行道板一上一下汲水上岸。这种翻车可以将水汲到三丈以上的高度，解决一般的旱地灌溉问题。

翻车的工作原理很简单，就是利用链轮传动来带动水槽内的刮板翻转，将低处的水顺着水槽引到高处。它既可以人力使用，也可以由畜力来带动，甚至还能靠风力和水力来带动。

由于古代牲畜比较金贵，对于一般农民来说，人力翻车是他们生产中使用最普遍的一种翻车。人力翻车可以用手摇，也可以用脚踏，但是以脚踏翻车为主。毕竟用手摇太过费力，工作效率不高。相比而言，靠脚踩的踏车无论是生产效率还是灌溉成果都要远远强于手摇式翻车。踏车的工作原理和手摇式是差不多的，不同之处就是它是用脚踩车上的一块活动的木板，用木板带动轮杆和链条，从而将水汲到高处的。

翻车之外，还有一种固定于河流边上的水车，称为“筒车”。它与翻车最大的区别就是它是不可拆解的，是固定于河流边上，利用流水的冲力，日夜不停工作。它负责将河流中的水源源不断地汲到高处的沟渠之中，再由沟渠流到千家万户的田地里面，完成浇灌任务。

筒车最大的特点是可以将水垂直提到高处，在一些岸高坡陡的地方十分适用。在制作安装时，要先视堤岸的高低制作合适的大转轮，轮子一定要高于河岸；然后将一个个竹筒绑在轮上，再在上流不远处开一条水渠，用引来的水冲击轮子上的转板，使得轮子不停地转动，这时绑在轮子上的竹筒便可以依次在河中取水，然后随着轮子转动，将筒中的水倒入沟渠，达到引水浇灌的目的。

筒车在制作和安装时一定要注意保证轮子底部要浸入水中一定的深度，且最好是架设在河流湍急之处，这样水流的冲击力比较大，可以使轮子的转速更快，汲的水量也就多。另外在绑竹筒时，一定要带有一定的角度，使得竹筒里的水在轮子转动到一定角度时可以完全倒出来。这都是古代农民在生产实践中总结出来的经验，含有朴素的科学道理。

活字印刷的发明者公认是北宋布衣毕昇。在《梦溪笔谈》中对毕昇的泥活字制法有明确的文字记载，元大德九年刊印的《梦溪笔谈》是现存典籍中最早记载活字印刷术的。在毕昇之后，另一位对活字印刷术发展有重大贡献的人物当属元代的王祯。毕昇虽然发明了活字印刷，但那是胶泥为材质做成的活字。虽然活字印刷已经让当时的印刷技术发生了根本性革命，但胶泥材质的活字不容易固定油墨，印出来的字有的模糊不清；胶泥也不能长时间使用，用几次就要重新做，非常不方便。王祯革新活字印刷的想法很偶然。他在旌德县当县令的时候主编了《旌德县志》，在编印的过程中发现泥活字实在是太麻烦了，于是提出了使用木活字的想法。用木头所雕的活字与之前的泥活字相比，大大提高了工作效率。为了让排字工人更高效，他又发明了“转轮排字盘”，即活字以声韵为单位顺序放进盘子里，每个工人左右各一个排字盘，找字的时候按韵取字转动盘子就行，不需要再走动了。之前是人找字，这样是“字就人”。

四、《天工开物》三篇

【背景介绍】

明末科学家宋应星编写的《天工开物》是一部百科全书式的科学巨著。书中全面、系统地记录了我国古代农业和手工业的生产技术，对各种手工业产品的生产工序都有详细的说明，并附有插图，在科学史上具有很高的价值。

宋应星（1587—约1661），字长庚，江西奉新（今江西省宜春市）人，明代科学家。宋应星于万历四十三年（1615）与兄宋应升参加乡试中举。奉新诸生中只有其兄弟二人中举，故称“奉新二宋”。后六试不第，遂绝科举之念。崇祯八年（1635），宋应星任袁州府分宜县学教谕。在分宜县任教四年，是其一生中的重要阶段，主要著作都撰写在此期间。崇祯十一年（1638），升任福建汀州府推官；崇祯十三年（1640），辞官归里；崇祯十六年（1643），又出任南直隶凤阳府亳州知州；次年，辞官返回奉新。清朝建立后，宋应星一直过着隐居生活，在贫困中度过晚年，拒不出仕。宋应星的科学成就主要是其在历史上第一次全面、真实、系统地记述了明以前农业和手工业领域的生产技术经验。所著的《天工开物》分《乃粒》《粹精》《作咸》《甘嗜》《膏液》《乃服》《彰施》《五金》《冶铸》《锤锻》《陶埏》《燔石》《杀青》《丹青》《舟车》《佳兵》《曲蘖》《珠玉》，共18章，插图123幅，涉及农业、手工业各个方面，堪称中国古代农业、工业技术百科全书，被视为中国科学史的代表作。

【正文】

《天工开物序》

天覆地载，物数号万，而事亦因之，曲成而不遗，岂人力也哉？事物而既万矣，必待口授目成而后识之，其与几何？万事万物之中，其无益生人与有益者，各载其半；世有聪明博物者，稠人推焉。乃枣梨之花未赏，而臆度楚萍；釜鬵之范鲜经，而侈谈莒鼎。画工好图鬼魅而恶犬马，即郑侨、晋华，岂足为烈哉？

幸生圣明极盛之世，滇南车马，纵贯辽阳；岭徼官商，衡游蓟北。为方万里中，何事何物不可见见闻闻。若为士而生东晋之初、南宋之季，其视燕、秦、晋、豫方物，已成夷产；从互市而得裘帽，何殊肃慎之矢也。且夫王孙帝子，生长深宫，御厨玉粒正香，而欲观耒耜；尚宫锦衣方剪，而想像机丝。当斯时也，披图一观，如获重宝矣！

年来著书一种，名曰《天工开物》。伤哉贫也！欲购奇考证，而乏洛下之资；欲招致同人，商略赝真，而缺陈思之馆。随其孤陋见闻，藏诸方寸而写之，岂有当哉？吾友涂伯聚先生，诚意动天，心灵格物，凡古今一言之嘉，寸长可取，必勤勤恳恳而契合焉。昨岁《画音归正》，繇先生而授梓；兹有后命，复取此卷而继起为之，其亦夙缘之所召哉！

卷分前后，乃贵五谷而贱金玉之义。《观象》《乐律》二卷，其道太精，自揣非吾事，故临梓删去。丐大业文人，弃掷案头，此书于功名进取，毫不相关也。

时崇祯丁丑孟夏月，奉新宋应星书于家食之问堂。

《造竹纸》

凡造竹纸，事出南方，而闽省独专其盛。当笋生之后，看视山窝深浅，其竹以将生枝叶者为上料。节届芒种，则登山砍伐。截断五七尺长，就于本山开塘一口，注水其中漂浸。恐塘水有涸时，则用竹枧通引，不断瀑流注入。浸至百日之外，加功槌洗，洗去粗壳与青皮，其中竹穰形同苎麻样。用上好石灰化汁涂浆，入楻桶下煮，火以八日八夜为率。

凡煮竹，下锅用径四尺者，锅上泥与石灰捏弦，高阔如广中煮盐牢盆样，中可载水十余石。上盖楻桶，其围丈五尺，其径四尺余。盖定受煮，八日已足。歇火一日，揭楻取出竹麻，入清水漂塘之内洗净。其塘底面、四维皆用木板合缝砌完，以妨泥污。洗净，用柴灰浆过，再入釜中，其上按平，平铺稻草灰寸许。桶内水滚沸，即取出别桶之中，仍以灰汁淋下。倘水冷，烧滚再淋。如是十余日，自然臭烂。取出入臼受舂，舂至形同泥面，倾入槽内。

凡抄纸槽，上合方斗，尺寸阔狭，槽视帘，帘视纸。竹麻已成，槽内清水浸浮其面三寸许。入纸药水汁于其中，则水干自成洁白。凡抄纸帘，用刮磨绝细竹丝编成。展卷张开时，下有纵横架框。两手持帘入水，荡起竹麻入于帘内。厚薄由人手法，轻荡则薄，重荡则厚。竹料浮帘之顷，水从四际淋下槽内。然后覆帘，落纸于板上，叠积千万张。数满则上以板压，俏绳入棍，如榨酒法，使水气净尽流干。然后以轻细铜镊逐张揭起焙干。凡焙纸，先以土砖砌成夹巷，下以砖盖巷地面，数块以往，即空一砖。火薪从头穴烧发，火气从砖隙透巷外。砖尽热，湿纸逐张贴上焙干，揭起成帙。

近世阔幅者名大四连，一时书文贵重。其废纸洗去朱墨污秽，浸烂入槽再造，全省从前煮浸之力，依然成纸，耗亦不多。南方竹贱之国，不以为然。北方即寸条片角在地，随手拾取再造，名曰“还魂纸”。竹与皮，精与粗，皆同之也。若火纸、糙纸，斩竹煮麻、灰浆水淋，皆同前法。唯脱帘之后不用烘焙，压水去湿，日晒成干而已。

盛唐时鬼神事繁，以纸钱代焚帛，故造此者名曰“火纸”。荆楚近俗，有一焚侈至千斤者。此纸十七供冥烧，十三供日用。其最粗而厚者，名曰“包裹纸”，则竹麻和宿田晚稻杆所为也。若铅山诸邑所造柬纸，则全用细竹料厚质荡成，以射重价。最上者曰“官柬”，富贵之家通刺用之。其纸敦厚而无筋膜，染红为吉柬，则先以白矾水染过，后上红花汁云。

《造皮纸》

凡楮树取皮，于春末夏初剥取。树已老者，就根伐去，以土盖之。来年再长新条，其皮更美。凡皮纸，楮皮六十斤，仍入绝嫩竹麻四十斤，同塘漂浸，同用石灰浆涂，入釜煮糜。近法省啬者，皮竹十七而外，或入宿田稻杆十三，用药得方，仍成洁白。

凡皮料坚固纸，其纵文扯断如绵丝，故曰“绵纸”，衡断且费力。其最上一等，供用大内糊窗格者，曰“棂纱纸”。此纸自广信郡造，长过七尺，阔过四尺。五色颜料，先滴色汁槽内和成，不由后染。其次曰“连四纸”，连四中最白者曰“红上纸”。皮名而竹与稻杆参和而成料者，曰“揭帖呈文纸”。芙蓉等皮造者，统曰“小皮纸”，在江西则曰“中夹纸”。河南所造，未详何草木为质，北供帝京，产亦甚广。又桑皮造者曰“桑穰纸”，极其敦厚。东浙所产，三吴收蚕种者必用之。凡糊雨伞与油扇，皆用小皮纸。

凡造皮纸长阔者，其盛水槽甚宽，巨帘非一人手力所胜，两人对举荡成。若棂纱则数人方胜其任。凡皮纸供用画幅，先用矾水荡过，则毛茨不起。纸以逼帘者为正面，盖料即成泥浮其上者，粗意犹存也。

朝鲜白硾纸，不知用何质料。倭国有造纸不用帘抄者，煮料成糜时，以巨阔青石覆于炕面，其下爇火，使石发烧。然后用糊刷蘸糜，薄刷石面，居然顷刻成纸一张，一揭而起。其朝鲜用此法与否，不可得知。中国有用此法者亦不可得知也。

永嘉蠲糨纸，亦桑穰造。四川薛涛笺，亦芙蓉皮为料煮糜，入芙蓉花末汁。或当时薛涛所指，遂留名至今。其美在色，不在质料也。

【文本分析】

八股取士的确立，使得理学逐渐变为僵化的科举教条，这严重阻碍了科学技术的发展。宋应星对于那些鬼怪迷信之说给予了坚决驳斥，他主张对事物的考察要用“试见”和“试验”的方法，即注重实践与科学试验，所以在这篇序文的结尾处特意强调“此书于功名进取，毫不相关也”，可见其对于八股科举的深恶痛绝。宋氏在序中还提到了助其刊刻该书的“涂伯聚先生”，涂绍煃（1582？—1645），字伯聚，号映薮，新建人。涂绍煃系明万历四十三年（1615）的举人第四名，万历四十七年（1619）会试的二甲第四十五名。前后担任过广西左布政、河南汝南兵备道、四川督学等职务。他和宋应升、宋应星兄弟的关系十分融洽。

竹纸就是以竹子为原材料造的纸，主要原料为毛竹，此外还有苦竹、绿竹等。中国福建宁化县、长汀县和四川省夹江县、浙江省杭州市富阳区为竹纸的重要产地。宋人施宿在《嘉泰会稽记》中称：“竹纸，滑，一也；发墨色，二也；宜笔锋，三也；卷舒虽久，墨终不渝，四也。”古籍中常见的如“毛边纸”“连史纸”“玉扣纸”等，都是竹纸。我国古代竹纸大约发明于唐代，此后开始逐渐推广。宋人苏易简《文房四谱·纸谱》中说“江浙间多以嫩竹为纸，如作密书，无人敢拆发之，盖随手便裂，不复粘也”，这说明当时的竹纸还较为脆弱。今北京故宫博物院所藏米芾《珊瑚帖》、宋人所摹王羲之《雨后帖》、王献之《中秋帖》，使用的都是宋代的竹纸。但是，雕版印刷使用竹纸则较晚，明清两代版印书籍开始大量出现使用竹纸印刷的书籍，主要是这种纸造价低廉。使用竹纸印刷的书籍难以长期保存，历久后竹纸会变黄发黑并脆化。

皮纸是采用木本韧皮植物的皮为原料制成的长纤维纸类的通称，又称为“苟皮纸”“棉纸”“汉皮纸”“纱皮纸”。《八闽通志》称“邵武造纸，始于唐宋，先制楮衾，后造竹纸”，说明我国福建地区早在唐代就已经开始制造皮纸了。皮纸的纸张纤维长，柔韧性佳，张力强，吸水吸湿和透气性好，光滑度高；其纸质洁白、细嫩，具有防虫蛀的特性，香味清馨，吸墨性强，不易变色，保存年代久。明代许多讲究出版的机构多用此类纸张印书，如明代内府。

五、《本草纲目序》

【背景介绍】

《本草纲目》是一部药学著作，五十二卷，作者李时珍。全书共 190 多万字，载有药物 1892 种，收集医方 11096 个，绘制精美插图 1160 幅，分为 16 部、60 类。这是我国古代药物学的总结性巨著，在国内外均有很高的评价，有多种文字的译本或节译本。

李时珍（1518—1593），字东璧，晚年自号濒湖山人，湖北蕲州（今湖北省黄冈市蕲春县蕲州镇）人。中国古代伟大的医学家、药物学家。他曾参考历代有关医药及学术书籍 800 余种，结合自身经验和调查研究，历时 27 年编成《本草纲目》一书。

《本草纲目》出版后，很快传遍整个中国，又被传到国外，受到各国学者的重视，先后被译成日、英、法、德、俄、拉丁等多种文字，西方称这部书为“东方医学巨典”，给予其高度的评价。达尔文（Charles Robert Darwin）在其著作中亦多次引用该书的资料，并称之为“古代中国百科全书”。英国李约瑟（Joseph Needham）称赞李时珍为“药物学界中之王子”。

所谓本草，是古代药物学的代称，它既包括花草果木等植物，也包含鸟兽鱼虫等动物，还囊括铅、锡、硫、汞等矿物。由于药材更多地取自植物，《说文解字》曰：“药，治病草也，从草”。基于“草为药之本”的概念一直被祖先保留下来，后世的医家把中国传统药物学统称“本草”。在我国古代，本草类医药书籍一直是由官方组织编写的。官修本草一般肩负着总结某一历史时期药学知识的重任，故其编写的成功与否，常关系到后世本草是否能顺利发展。因此，作为政府行为，官修本草在编写班子的组成、集体编撰中的分工与协作，乃至根据不同时期的社会、科技条件，采用相应的编撰和出版方式，都直接关系到药学知识的总结与传播。

【正文】

《本草纲目原序》

纪称：望龙光，知古剑；觇宝气，辨明珠。故萍实商羊，非天明莫洞。厥后博物称华，辩字称康，析宝玉称倚顿，亦仅仅晨星耳。

楚蕲阳李君东璧，一日过予弇山园谒予，留饮数日。予窥其人，晬然貌也，癯然身也，津津然谭议也，真北斗以南一人。解其装，无长物，有《本草纲目》数十卷。谓予曰：时珍，荆楚鄙人也，幼多羸疾，质成钝椎，长耽典籍，若啖蔗饴。遂渔猎群书，搜罗百氏。凡子史经传，声韵农圃，医卜星相，乐府诸家，稍有得处，辄著数言。古有《本草》一书，自炎皇及汉、梁、唐、宋，下迨国朝，注解群氏旧矣。第其中舛谬差讹遗漏，不可枚数，乃敢奋编摩之志，僭纂述之权。岁历三十稔，书考八百余家，稿凡三易。复者芟之，阙者缉之，讹者绳之。旧本一千五百一十八种，今增药三百七十四种，分为一十六部，著成五十二卷，虽非集成，亦粗大备，僭名曰《本草纲目》。愿乞一言，以托不朽。

予开卷细玩，每药标正名为纲，附释名为目，正始也。次以集解、辩疑、正误，详其土产形状也。次以气味、主治、附方，著其体用也。上自坟典，下及传奇，凡有相关，靡不备采。如入金谷之园，种色夺目；如登龙君之宫，宝藏悉陈；如对冰壶玉鉴，毛发可指数也。博而不繁，详而有要，综核究竟，直窥渊海。兹岂仅（明万历胡承龙刻本作“禁”）以医书觏哉！实性理之精微，格物之通典，帝王之秘录，臣民之重宝也。李君用心，加惠何勤哉！噫，碔玉莫剖，朱紫相倾，弊也久矣。故辩专车之骨，必俟鲁儒；博支机之石，必访卖卜。予方著《弇州卮言》，恚博古如《丹铅卮言》后乏人也，何幸睹兹集哉。兹集也，藏之深山石室无当，盍锲之，以共天下后世味《太玄》如子云者。

时万历岁庚寅春上元日，弇州山人凤洲王世贞拜撰。

【文本分析】

李时珍及其《本草纲目》虽然在今天得到了广泛的认可与推崇，然而李时珍为编写此书耗费了大量心力，书稿写成后却无力出版，继而又为此奔波，生前并未见到该书的刊行，不能不说是莫大的遗憾。为了给该书提高知名度，李时珍找到了当时的文坛领袖王世贞，请其为该书撰写序文。王世贞撰写此序三年后去世，再三年李时珍去世，同年，该书的祖本——金陵本问世。

另外，李时珍在自十四岁中了秀才后的九年中，曾三次到武昌考举人，但都名落孙山。于是，他放弃了科举做官的打算，专心学医，并向父亲李言闻表明决心。李言闻看出儿子的心思不在仕途，终于同意儿子的要求，并精心地教他医术。李时珍刻苦努力，智慧超人，很快便小有成就。在当时唯科举为正途的背景下，像李时珍这样的人是很难被人重视的，甚至连相关的记录都很少。我们今天见到的最早的关于李时珍生平的文献来自清顾景星的《白茅堂集·李时珍传》，所记为追述前辈之言，虽然简陋，但十分珍贵。

六、《几何原本序》

【背景介绍】

在中国的历史长河中，科学文化的繁荣发展往往离不开各个时代的杰出人物。其中，明朝的徐光启与利玛窦，两位伟大的科学家，他们的合作与成就，为明朝乃至整个中国古代科学文化领域增添了光辉的一笔。

《几何原本》（希腊语：Στοιχεῖα），又称《原本》，是古希腊数学家欧几里得所著的一部数学著作。它是欧洲数学的基础，总结了平面几何五大公设，被广泛认为是历史上成功的教科书。欧几里得也写了一些关于透视、圆锥曲线、球面几何学及数论的作品。欧几里得使用了公理化的方法，这一方法后来成为建立任何知识体系的典范，在差不多二千年间，被奉为必须遵守的严密思维的范例。这本著作是欧几里得几何的基础，在西方是仅次于《圣经》而流传最广的书籍。

徐光启（1562—1633），字子先，号玄扈，谥文定，上海人，万历进士，官至崇祯朝礼部尚书兼文渊阁大学士、内阁次辅。1603 年，入天主教，教名保禄。较早师从利玛窦学习西方的天文、历法、数学、测量和水利等科学技术，毕生致力于科学技术的研究，勤奋著述，是介绍和吸收欧洲科学技术的积极推动者，为 17 世纪中西文化交流作出了重要贡献。利玛窦（Matteo Ricci，1552—1610），字西泰，意大利人，天主教耶稣会传教士、学者。明万历十年（1582）被派往中国传教，直至 1610 年在北京逝世，在华传教 28 年，是天主教在中国传教的最早传教士之一。

1600 年，徐光启在南京结识了来自意大利的传教士利玛窦。利玛窦作为一名学识渊博的传教士，不仅对中国的历史文化有深入了解，同时也掌握着西方先进的科学知识。徐光启与利玛窦的相识，为中国科学界带来了一股清新的风。在接下来的日子里，徐光启虚心向利玛窦学习，共同探讨天文、数学、测量以及武器制造等领域的科学知识。他们互相切磋，共同提高。通过这些深入的交流与合作，徐光启得以突破传统中国科学的束缚，接触到更为广阔的科学世界。

在此期间，徐光启与利玛窦合作翻译了古希腊数学家欧几里得的《几何原本》。这本著作的翻译工作不仅使中国科学界首次接触到西方的基础数学理论，同时也为中国的科学思想注入了新的活力。

【正文】

《刻几何原本序》

唐虞之世，自羲和治历，暨司空、后稷、工、虞、典乐五官者，非度数不为功。《周官》六艺，数与居一焉；而五艺者，不以度数从事，亦不得工也。襄、旷之于音，般、墨之于械，岂有他谬巧哉？精于用法尔已。故尝谓三代而上，为此业者，盛有元元本本，师传、曹习之学，而毕丧于祖龙之焰。汉以来多任意揣摩，如盲人射的，虚发无效；或依拟形似，如持萤烛象，得首失尾。至于今而此道尽废，有不得不废者矣。

《几何原本》者，度数之宗，所以穷方圆平直之情，尽规矩准绳之用也。利先生从少年时，论道之暇，留意艺学，且此业在彼中所谓师传、曹习者，其师丁氏，又绝代名家也，以故极精其说。而与不佞游久，讲谈余晷，时时及之。因请其象数诸书，更以华文。独谓此书未译，则他书不可得论，遂共翻其要约六卷。既卒业而复之，由显入微，从疑得信。盖不用为用，众用所基，真可谓万象之形囿、百家之学海。虽实未竟，然以当他书，既可得而论矣。私心自谓："不意古学废绝二千年后，顿获补缀唐虞三代之阙典遗义，其裨益当世，定复不小。"因偕二三同志，刻而传之。

先生曰："是书也，以当百家之用，庶几有羲、和、般、墨其人乎，犹其小者；有大用于此，将以习人之灵才，令细而确也。"余以为小用、大用，实在其人。如邓林伐材，栋梁榱桷，恣所取之耳。顾惟先生之学，略有三种：大者修身事天；小者格物穷理；物理之一端，别为象数。一一皆精实典要，洞无可疑。其分解擘析，亦能使人无疑。而余乃亟传其小者，趋欲先其易信，使人绎其文，想见其意理，而知先生之学可信不疑，大概如是，则是书之为用更大矣。他所说几何诸家籍此为用，略具其自叙中，不备论。

吴淞徐光启书。

【文本分析】

据载，利玛窦于1577年离开罗马，于1582年来到中国。为了传教，利玛窦从西方带来了许多用品，比如圣母像、地图、星盘和三棱镜等，其中就有欧几里得的《几何原本》。这是利玛窦在罗马学院学习时用的课本，由利玛窦的恩师，当时欧洲著名的数学家克拉维乌斯（Clavius）神父根据欧几里得的《几何原本》整理编纂。本来欧几里得的《几何原本》有十三卷，克拉维乌斯神父在后面又增添了两卷注释，这样总共十五卷。

明万历二十八年（1600），利玛窦进京贡献，得以"侨邸燕台"；四年后，徐光启赴京会试，考选为翰林院庶吉士。适时，徐光启常去利玛窦寓所谈论"天主大道"，利玛窦以徐光启"既自精心，长于文笔，与旅人辈交游颇久"，"私计得与对译，成书不难"，故而认定徐光启为翻译《几何原本》的合适人选。之后，利玛窦口传，徐光启笔受，二人"反复展转，求合本书之意，以中夏之文重复订正，凡三易稿"。迄万历三十五年（1607）春，前六卷译毕刊刻。明万历三十五年《几何原本》在北京初次刻印（即此本）。该译本第一次把欧几里得几何学及其严密的逻辑体系和推理方法引入中国，同时确定了许多我们如今耳熟能详的几何学名词，如点、直线、平面、相似、外似等。

在翻译完前六卷后，徐光启寄望借此良机将后九卷一并翻译，而利玛窦却认为，“请先传此，使同志者习之，果以为用也，而后徐计其余”。徐光启接受了利玛窦的建议。未曾想明万历三十八年（1610）利玛窦遽然辞世，徐光启非常悲痛，“追惟篝灯函丈时，不胜人琴之感”，续译之事便成绝唱。徐光启慨叹道：“续成大业，未知何日，未知何人，书以俟焉。”

七、《宣和画谱》三篇

【背景介绍】

《宣和画谱》是北宋宣和年间（1119—1125）由官方主持编纂的宫廷所藏绘画作品的著录著作。《宣和画谱》虽属于著录性质之书，但从其对每门画科的叙论和每位画家的评传来看，已大大超出了著录的范围而具有绘画史论的性质。因此，可以说此书不但是宋代宫廷所藏绘画品目的记录著作，而且还是一部传记体的绘画通史。书中的艺术观点及对画家的评论与宋代画院品第标准是一致的。对于作品的要求，提倡“以不仿前人，而物之情态形色俱若自然，笔韵高简为工”，更强调立意和格调。但书中对绘画发展的综合概括论述较为薄弱，只记录作品的题目而不加说明，则过于简略。加之鉴别去取有时难免欠精，致使真伪相杂。该书对于研究北宋及其以前的绘画发展和作品流传仍有着一定的史料价值。《宣和画谱》和《宣和书谱》是姊妹篇，作者不详，学术界有人认为作者是赵佶，也有人认为是由蔡京、米芾所编。然就书中内容和文风考察，似应是在宋徽宗的授意和参与下，由官方组织人力，集体编写而成。

【正文】

《宣和画谱叙》

河出图，洛出书，而龟龙之画始著见于时，后世乃有虫鸟之作，而龟龙之大体犹未凿也。逮至有虞，彰施五色而作绘宗彝，以是制象，因之而渐分。至周官教国子以六书，而其三曰象形，则书画之所谓同体者，尚或有存焉。于是将以识魑魅，知神奸，则刻之于钟鼎；将以明礼乐，著法度，则揭之于旗常，而绘事之所尚其由始也。是则画虽艺也，前圣未尝忽焉。自三代而下，其所以夸大勋劳，纪叙名实，谓竹帛不足以形容盛德之举，则云台麟阁之所由作，而后之览观者亦足以想见其人。是则画之作也，善足以观时，恶足以戒其后，岂徒为是五色之章以取玩于世也哉。今天子廊庙无事，承累圣之基绪，重熙浃洽，玉关沈柝，边燧不烟，故得玩心图书，庶几见善以戒恶，见恶以思贤，以至多识虫鱼草木之名，与夫传记之所不能书，形容之所不能及者，因得以周览焉。且谱录之外，不无其人，其气格凡陋，有不足为今日道者，因以黜之，盖将有激于来者云耳。乃集中秘所藏者晋魏以来名画，凡二百三十一人，计六千三百九十六轴，析为十门，随其世次而品第之。

宣和庚子岁夏至日，宣和殿御制。

《宣和画谱叙目》

司马迁序《史》，先黄老而后六经，议者纷然。及观扬雄书，谓六经济乎道者也，乃知迁史之论为可传。今叙《画谱》，凡十门，而道、释特冠诸篇之首，盖取诸此。禀五行之秀，为万物之灵，贵而王公，贱而匹夫，与其冠冕、车服、山林、丘壑之状皆有取焉，故以人物次之。上古之世，营窟橧巢以为居，后世圣人，立以制度，上栋下宇，以待风雨，而宫室台榭之参差，民庐邑屋之众，与夫工拙奢俭，率见风俗，故以宫室次之。天子有道，守在四夷，或闭关而谢质，或贡琛而通好，以《雅》以《南》，则间用其乐，来享来王，则不鄙其人，故以番族次之。升降自如，不见制畜，变化莫测，相忘于江湖，翕然有云雾之从，与夫濠梁之乐，故以龙鱼次之。五岳之作镇，四渎之发源，油然作云，沛然下雨，怒涛惊湍，咫尺万里，与夫云烟之惨舒，朝夕之显晦，若夫天造地设焉，故以山水次之。牛之任重致远，马之行地无疆，与夫炳然之虎，蔚然之豹，韩卢之犬，东郭之兔，虽书传亦有取焉，故以畜兽次之。草木之华实，禽鸟之飞鸣，动植发生，有不说之成理，行不言之四时，诗人取之，为比兴讽谕，故以花鸟次之。架雪凌霜，如有特操，虚心高节，如有美德，裁之以应律吕，书之以为简册，草木之秀，无以加此，而脱去丹青，澹然可尚，故以墨竹次之。抱瓮灌畦，请学为圃，养生之道，同于日用饮食，而秀实美味，可羞之于笾豆，荐之于神明，故以蔬果终之。凡人之次第，则不以品格分，特以世代为后先，庶几披卷者，因门而得画，因画而得人，因人而论世，知夫画谱之所传，非私淑诸人也。

总十门，分为二十卷，共二百三十一人，计六千三百九十六轴。

释道门、人物门、宫室门、番族门、龙鱼门、山水门、畜兽门、花鸟门、墨竹门、蔬果门。

《山水叙论》

岳镇川灵，海涵地负，至于造化之神秀，阴阳之明晦，万里之远，可得之于咫尺间，其非胸中自有丘壑，发而见诸形容，未必知此。且自唐至本朝，以画山水得名者，类非画家者流，而多出于缙绅士大夫。然得其气韵者，或乏笔法；或得笔法者，多失位置。兼众妙而有之者，亦世难其人。盖昔人以“泉石膏肓，烟霞痼疾”为幽人隐士之诮，是则山水之于画，市之于康衢，世目未必售也。至唐有李思训、卢鸿、王维、张璪辈，五代有荆浩、关仝，是皆不独画造其妙，而人品甚高，若不可及者。至本朝李成一出，虽师法荆浩，而擅出蓝之誉，数子之法，遂亦扫地无余。如范宽、郭熙、王诜之流，固已各自名家，而皆得其一体，不足以窥其奥也。其间驰誉后先者凡四十人，悉具于谱，此不复书。若商训、周曾、李茂等，亦以山水得名，然商训失之拙，周曾、李茂失之工，皆不能造古人之兼长，谱之不载，盖自有定论也。

【文本分析】

《宣和画谱》共二十卷，著录了魏晋以来涌现的 231 位画家及 6396 件作品。按题材分为 10 门：道释 49 人，人物 33 人，宫室 4 人，番族 5 人，龙鱼 8 人，山水 41 人，畜兽 27 人，花鸟 46 人，墨竹 12 人，蔬果 6 人。

该书每门前均有叙论一篇，先述该门源流脉络、画法画理，再述所著画家评介品第及黜之不收之因等。其后则按时代先后分列画家并附以小传及其画目卷数。

《宣和画谱》成书于宣和二年（1120），书成之时，其所收录画作皆藏于内府，然书成之后不满七年，金兵南下，徽钦被掳，馆阁之储荡然无存，书中所录的六千余幅画作，毁的毁，烧的烧，抢的抢，所剩无几。徽宗“听之喟然”，心痛至极。幸运的是此书免于厄难，才为后世留下了宝贵的研究资料。

《宣和画谱》的意义绝非一般。历来绘画中，礼教性与宗教性难以统一，而《宣和画谱》中则认为道释像与儒冠风仪都能使人瞻之仰之。同时，它将院画与文化画都收录在内，将宋代绘画艺术思想的转变表露无遗。在这种兼容并包、和合为一的文化氛围下，主张绘画的社会教育作用，中国绘画史就此有了一次新的突破。

八、《乐律全书》一篇

【背景介绍】

明代藩王是一个特殊的群体，中有相当数量的人热衷于音乐艺术事业，著书立说，对明代音乐艺术事业的发展产生了很大的推动力和影响力。《明代藩王的音乐著述考》（武汉音乐学院2013年硕士论文）一文据相关目录史志统计，明代藩王共有音乐类著述4类33本，在对这些著述进行著录和撰写提要的基础上，该文通过对藩刻本音乐文献的考证，旨在展现明代藩王音乐类著述的整体面貌，并揭示此类文献的历史价值。该文对明代藩王的音乐著述做了全面细致的归纳和整理，论文分琴学类、散曲杂剧类、乐律学类和舞学类四大类分别评述明代藩王的音乐著述，并指出其中最具有代表性的有朱权的《神奇秘谱》、朱有燉的《诚斋杂剧三十一种》和朱载堉的乐律学著述《乐律全书》，分别代表了明代音乐史上琴学、北杂剧和乐律学的最高学术水准。

朱载堉（1536—1611），字伯勤，号句曲山人，河南怀庆府（今河南省沁阳市）人。朱载堉“笃学有至性”“席藁独处”，潜心著述。他著有《瑟谱》（1560）、《律历融通》（1581）、《律学新说》（1584）。万历二十三年（1595），朱载堉“上历算岁差之法，及所著乐律书，考辨详确，识者称之”（《明史・诸王列传》）。这里提到的“乐律书”，即《律学新说》，而“历算岁差之法”则包括《律历融通》四卷、《圣寿万年历》二卷、《万年历备考》三卷、《音义》一卷。

《乐律全书》由15种著作汇刊而成，即《律学新说》《乐学新说》《算学新说》《历学新说》《律吕精义》《操缦古乐谱》《旋宫合乐谱》《乡饮诗乐谱》《六代小舞谱》《小舞乡乐谱》《二佾缀兆图》《灵星小舞谱》《圣寿万年历》《万年历备考》《律历融通》。

【正文】

《律吕精义序》

《律吕精义》乃臣父之遗志而臣愚所述也，分为内外二篇，内篇主声数者为本，外篇主辩论者为末。虽则祖述前贤，师法往古，然非宋已来律家常谈也。是以臣愚窃谓比照《大明清类天文分野》等书事例，宜加“大明”二字于书名之首焉，何也？盖此一书前代未有，实自我朝始耳，良由世庙中兴，礼乐咸新，文化远被而朝野臣民靡然向风矣。当此之时，于历数则有若乐頀、华湘、唐顺之、赵贞吉、顾应祥等诸臣出焉。于乐律则有若张鹗、吕柟、廖道南、王廷相、韩邦奇等诸臣出焉。如是诸臣，未能殚举，各有著述，一时出者，皆赖世宗皇帝好学作养之所致也。由是臣父恭王厚烷，及臣外舅祖都御史何瑭亦与闻焉。然此二臣颖悟超卓，论议精当，盖多前贤所未发者。若论先天八卦，横图则乾左坤右，纵图则乾上坤下，以证前贤方图之误。若论黄钟九寸，纵黍则八十一分，横黍则百分，以证前贤九十分之误。与夫援笙证琴，则知琴均当具七音，援琴证律，则知律数惟止十二。盖有变声而无变律，陈旸、蔡元定所见皆非。是凡此之类，皆出二臣自悟，而非先儒之所授也。臣尝闻臣父曰：“六经有听律之文，无算律之说，律由声制，非由度出。黄钟之声既定，则何必拘九寸执守九寸为说误矣。况又执守王莽尺与斛铭，不亦误甚乎？盖律家所谓三分损其一者，犹历家所谓四分度之一也，皆大略之率耳。自汉刘洪已来，千有余载，疑四分度之一者，疑之转深而转密；信三分损其一者，信之弥久而弥疏。何律历二家愚智相较，霄壤相悬也？夫数以理为本，而人心之灵又理数之本也。惟于理有未穷，故其知有不尽，先儒岂欺我哉？彼于冥冥之中固有昭昭者存，但患学者不下苦工夫以求至当耳。援笙证琴，昭然易晓；援琴证律，显然甚明。仲吕顺生黄钟，返本还元；黄钟逆生仲吕，循环无端，实无往而不返之理。笙琴互证，则知三分损益之法非精义也。”臣闻此语，潜思有年。用力既久，豁然逐悟，不用三分损益之法，其义益精，律历皆赖臣父所诲，岂敢忘父之志，而不为芹暴之献乎？除系历法者别著成书外，系律法者亦著成书，名曰《律吕精义》，其内篇之目曰《总论造律得失第一》《不宗黄钟九寸第二》《不用三分损益第三》《不拘隔八相生第四》《不取围径皆同第五》《新旧法参校第六》《新旧律试验第七》《候气辨疑第八》《旋宫琴谱第九》《乐器图样第十》《审度第十一》《嘉量第十二》《平衡第十三》；外篇之目有八，其大概皆古今乐律杂说，而为辨论附焉。臣愚自序为书之意曰：窃惟历代诸史志中，其言驳杂，取合失当，无足观者，莫如律历与夫乐耳。盖由六艺残缺，声调数术知之者鲜故也。《班志》文藻，足以动人，识者讥其辩而非实，盖文胜于质也。自是而后，相继作者，或失之疏略，或失之冗琐，舍本存末，何益于事？虽有，不如无也，皆班固作俑矣。欧阳修撰《唐书》，独志历而遗律。脱脱撰《宋史》，惩修之弊，载律差详，然亦摭其末而遗其本。且如蔡元定《律书》，每条所引古人旧说，乃其经也本也；其自辨论于各条下，乃其传也未也。《宋志》悉删其本，惟载元定之辨，使不见原文者不知此论从何而发。是则虽有，不如无也。推详史家之意，盖谓兼载则恐文烦，特摭其要而已。殊不知律历之学以声数为至要，若夫辨论，乃其末节也。声者，合四一上勾尺工凡六五之类是也。数者，一二三四五六七八九十之类是也。前贤多不留心于此，其以为深者，俞薄自画而讨论不来；其以为浅者，鄙俚斯嫌而润色不出，故于论数目、尺寸、声调、腔谱处，率删去之，此则史家之通弊也。夫乐也者，声音之学也；律也者，数度之学也。欲志乐律，宜详其本。汉初制氏世在乐官，但能纪其铿锵鼓舞而不能言其义，可谓知其本矣。齐、鲁、韩、毛，能言《诗》之义而不知其音，乐律之本亡矣。太史公《律书》其最要者，末后《生钟分》百三十五字耳，余说嫌多，删之可也。班固释五音曰：“宫，中也，居中央，畅四方，唱始施生，为四声纲也。”释六律曰：“黄钟者，阳气施种于黄泉，孳萌万物，为六气元也。”夫音律之有名，犹人名耳。丘垤之丘，孔子取之。轗轲之轲，孟子取之。孔孟之德，岂在是乎？声音有高下而莫能识别，古人强以“宫”“商”名之而又强名为“黄钟”等，正犹此耳。初无别义，以义解律，汉儒之穿凿也。臣此书中论声调数术处，惟恐忽略而不敢藻饰者，与其文胜质，宁失之野耳，矫史家之弊也。兹奉明诏，征取律书，谨将旧稿删润以献。愚见浅陋，理有未然，伏候圣裁，不胜幸甚。

万历丙申正月朔日，郑世子臣载堉稽首顿首谨序。

【文本分析】

万历二十四年（1596），朱载堉完成《律吕精义》（内外篇）一书，提出了“新法密率”。这是中国音乐史上一件具有划时代意义的事件，也成为人类文化史上最早出现的十二平均律数学理论。新法密率（十二平均律），由计算方法求得了十二律之间完全平均的波长关系。将八度音等分为十二等分，也就是分为 12 个等比级数，其结果是每个音的波长为前一个音的二分之一。16 世纪末意大利耶稣会传教士到中国传教，促进东西文化交流，朱载堉的十二平均律理论有可能于此时传入欧洲。在朱载堉发表十二平均律理论之后 52 年，马林·梅森（Pere Marin Mersenne）在其所著《谐声通论》（1636）中发表相似的理论。德国作曲家巴赫于 1722 年发表的《谐和音律曲集》（或译为《十二平均律曲集》），有可能就是为十二平均律的键盘乐器所著。新法密率将计量学、旋宫法、生律法、正律器等方面的理论与实践熔于一炉，体现了我国古代音乐思想和科学技术的高度统一。也因此李约瑟称誉朱氏为“东方文艺复兴式人物，不过由于当时乐器制作的条件限制，他的发明并不能用于音乐实践之中，到后来，连他的学说也或者渐渐被人遗忘了，或者并不能看出它里面深刻的革命意义”。

九、《遵生八笺》一篇

【背景介绍】

《遵生八笺》是明人高濂所作的一部养生类书籍，其在序言中说："故余《八笺》之作，无问穷通，贵在自得，所重知足，以生自尊。博采三明妙论，律尊生之清修；备集四时怡养，规尊生之调摄；起居宜慎，节以安乐之条；却病有方，导以延年之术；虞燕闲之溺邪僻，叙清赏，端其身心；防饮馔之困膏腴，修服食，苦其口腹；永年以丹药为宝，得灵秘者乃神，故集奇方于二藏；隐德以尘外为尊，惟遐举者称最，乃录师表于百人。"所谓"八笺"，即清修妙论笺、四时调摄笺、起居安乐笺、延年却病笺、饮馔服食笺、燕闲清赏笺、灵秘丹药笺、尘外遐举笺，其中的燕闲清赏笺一类中即包括了藏书，这是目前我们见到的较早将藏书作为藏品的记载。

【正文】

《遵生八笺·燕闲清赏笺·论藏书》

高子曰：藏书以资博洽，为丈夫子生平第一要事。其中有二说焉：家素者，无资以蓄书；家丰者，性不喜见书。故古人因贫，日就书肆邻家读者有之，求其富而好学者，则未多见也。即有富而好书，不乐读诵，务得善本，绫绮装饰，置之华斋，以具观美，尘积盈寸，经年不识主人一面，书何逸哉？噫，能如是，犹胜不喜见者矣。藏书者，无问册帙美恶，惟欲搜奇索隐，得见古人一言一论之秘，以广心胸未识未闻，致于梦寐嗜好，远近访求，自经书子史，百家九流，诗文传记，稗野杂著，二氏经典，靡不兼收。故常景耽书，每见新异之典，不论价之贵贱，以必得为期，其好亦专矣。故积书充栋，类聚分门，时乎开函摊几，俾长日深更。沉潜玩索，恍对圣贤面谈，千古悦心快目，何乐可胜？古云开卷有益，岂欺我哉？不学无术，深可耻也。又如宋元刻书，雕镂不苟，较阅不讹，书写肥细有则，印刷清朗。况多奇书，未经后人重刻，惜不多见。佛氏医家，二类更富。然医方一字差误，其害匪轻，故以宋刻为善。海内名家，评书次第，为价之重轻。若坟典、六经、《骚》、《国》、《史记》、《汉书》、《文选》为最，以诗集百家次之，文集道释二书又其次也。宋人之书，纸坚刻软，字画如写，格用单边，间多讳字，用墨稀薄，虽着水湿，燥无湮迹。开卷一种书香，自生异味。元刻仿宋单边，字画不分粗细，较宋边条阔多一线，纸松刻硬，用墨秽浊，中无讳字，开卷了无嗅味。有种官券残纸背印更恶。宋板书刻，以活衬竹纸为佳，而蚕茧纸、鹄白纸、藤纸固美，而存遗不广。若糊褙，宋书则不佳矣。余见宋刻大板《汉书》，不惟内纸坚白，每本用澄心堂纸数幅为副，今归吴中，真不可得。又若宋板遗在元印，或元补欠缺，时人执为宋刻元板，遗至国初，或国初补欠，人亦执为元刻。然而以元补宋，其去犹未易辨，以国初补元，内有单边双边之异，且字刻迥然别矣，何必辨论？若国初慎独斋刻书，似亦精美。近日作假宋板书者，神妙莫测。将新刻模宋板书，特抄微黄厚实竹纸，或用川中茧纸，或用糊褙方帘绵纸，或用孩儿白鹿纸，筒卷用棰细细敲过，名之曰刮，以墨浸去臭味印成。或将新刻板中残缺一二要处，或湿霉三五张，破碎重补。或改刻开卷一二序文年号。或贴过今人注刻名氏留空，另刻小印，将宋人姓氏扣填两头角处。或妆茅损，用砂石磨去一角。或作一二缺痕，以灯火燎去纸毛，仍用草烟熏黄，俨状古人伤残旧迹。或置蛀米柜中，令虫蚀作透漏蛀孔。或以铁线烧红，锤书本子，委曲成眼。一二转折，种种与新不同。用纸装衬绫锦套壳，入手重实，光腻可观，初非今书仿佛，以惑售者。或札夥囤，令人先声指为故家某姓所遗。百计瞽人，莫可窥测，多混名家，收藏者当具真眼辨证。

【文本分析】

《遵生八笺》中已经开始详细记录了当时对将书籍作为收藏对象的评价标准，这些细节决定了藏品的档次。特别是文中还提到了“作假宋版书者”，这说明宋版书在当时已经成为古董，作假造伪是有利可图的，列举出的作伪手段丰富多样。这些都说明古籍在这一时期已经备受关注，成为一种可以牟利的商品。

十、《册府元龟》一篇

【背景介绍】

《册府元龟》是北宋四大部书之一，为政事历史百科全书性质的史学类书。景德二年（1005），宋真宗赵恒命王钦若、杨亿、孙奭等十八人一同编修历代君臣事迹。《册府元龟》与《太平广记》《太平御览》《文苑英华》合称“宋四大书”，而《册府元龟》的规模居四大书之首，数倍于其他各书。其中唐、五代史事部分，是《册府元龟》的精华所在，不少史料为该书所仅见，即使与正史重复者，亦有校勘价值。

“册府”是帝王藏书的地方；“元龟”是大龟，古代用以占卜国家大事。“册府元龟”意即作为后世帝王治国理政的借鉴。全书共1000卷，分帝王、闰位、僭伪、列国君、储宫、宗室、外戚、宰辅、将帅、台省、邦计、宪官、谏诤、词臣、国史、掌礼、学校、刑法、卿监、环卫、铨选、贡举、奉使、内臣、牧守、令长、宫臣、幕府、陪臣、总录、外臣，共31部，部下再分门，共有1100多门。部有总序，言其经制。《册府元龟》将历代君臣事迹，自上古至于五代，按照人物阶层身份，分门别类，先后排列，目的是“为将来典法，使开卷者动有资益”。

【正文】

《册府元龟·学校部总序》

古者，家有塾，党有庠，术有序，国有学。然则有虞氏之米廪，夏后氏之序，商之瞽，宗周之泮宫，皆学也。故乐正崇四术，立四教，顺先王

《诗》《书》《礼》《乐》以造士，王太子、王子、群后之太子、卿大夫元士之适子、国之俊选，皆造焉。《周官》小司徒之职师氏，掌以三德三行教国子；保氏掌养国子以道，乃教之六艺。又《春官》大司乐，掌成均之法以治，建国之学政，而合国之子弟；大胥掌学士之板，以待致诸子；小胥掌学士之征令，而比之太师，教以六诗、六德、六律；籥师掌教国子舞羽吹籥，皆其事也。秦置博士，掌通古今。汉兴，武帝初置五经博士，掌教弟子；国有疑事，掌承问对。本四百石，升比六百石。初，文帝欲广游学之路，《论语》《孝经》《孟子》《尔雅》皆置博士。至是，遂罢传记博士。平帝元始中立学官，郡国曰学，县道邑侯国曰校，校学置经师一人；乡曰庠，聚曰序，序庠置《孝经》师一人。后汉光武爱好经术，立五经博士，凡有一十四人，太常差次总领焉。取聪明有威重者一人为祭酒，秩六百石。建武五年，乃修起太学，稽式古典。中元元年，初建三雍宫（明堂、辟雍、灵台也。）至明帝，亲行其礼。灵帝光和初，始置鸿都门学。魏文帝黄初中，立太学，置《春秋》《谷梁》博士。晋承魏制，置博士十九人。武帝咸宁四年，初立国子学，以教生徒，而隶属太学，定置国子祭酒、博士各一人，助教十五人，以教生徒。博士皆取履行清淳、通明典义者。若散骑常侍、中书侍郎、太子中庶子以上，皆得召试。元帝初，减国子祭酒、博士、助教为九人。太兴中，又置《周易》《仪礼》《公羊》博士。末年增国子《仪礼》《春秋公羊》博士各一人，合为十一人。后又增为十六人，不复分掌五经，而谓之太学博士，秩六百石。孝武太元中，损国子助教为十员。宋国子祭酒，若不置学，则助教，唯置一人。明帝泰始中，以国学废，初置总明观，真、儒、文、史四科，科置学士各十人，正令史一人，书令史二人，干一人，门吏一人，典观吏二人。齐高帝建元中，有司奏置国学，祭酒准诸曹尚书，博士准中书郎，助教准南台御史，选经学为先。居其人难备，给事中以还明经者，以本位领。其下典学二人，三品，准太常主簿；户曹各二人，五品；白簿治礼吏八人，六品；保学医、威仪各二人。其夏废学，有司奏省助教以下。又有总明观，祭酒一人，掌治五礼。太始六年，以国学废，初置。永明三年，国学建，遂省。梁国子祭酒一人，班第十三，比列曹尚书；又置国子博士二人，为九班；助教，班第二。又置大学博士八人，班第三；又置五经博士各一人。陈国子祭酒，秩中二千石，品第三；博士，品第四，秩千石；国子助教、大学博士，并品第八，秩六百石；律学博士秩品亦同。后魏道武始建都邑，便以经术为先，立太学，置五经博士太武。又别起太学于城东，献祖又立郡学，置博士二人，助教二人，后诏大郡立博士二人，助教四人；次郡立博士、助教各二人；中郡立博士一人，助教二人；下郡立博士、助教各一人。孝文改中书学为国子学，建明堂、辟雍。及迁都洛邑，又立国子、太学、四门学。宣武又诏营国学，树小学于四门。国子祭酒本第四品上，后增为从三品；国子博士从第五品上，后增为第五品；国子助教五人，从七品；太学博士第六品，后降为第七品；太学助教第八品中；四门博士第九品；律博士第六品中，后降为第九品上。北齐国子寺，掌训教胄子。祭酒一人，从三品。又置功曹、五官、主簿、录事等员。博士五人，品第五；助教十人，太学博士十人，从第七品；助教二十人，从第九品；四门博士二十人，正九品上，亦有助教二十人。后周依《周礼》建六官之职，《春官》太学博士下大夫，四命；助教及小学博士上士，三命皆国子监之属官也，祭酒无闻焉。武帝又立露门学。隋国子寺，开皇中隶太常。祭酒一人，属官有功曹、主簿、录事各一人，统国子、太学、书算学。各置博士，国子、太学、四门各五人，书、算各二人；助教，国子、太学、四门各五人，书、算各二人。仁寿初，罢国子，唯置太学。炀帝改太学为国子监，初置司业一人，丞三人。唐制：国子监祭酒、司业之职，掌邦国儒学训导之政。祭酒一人，司业二人，属官有丞、主簿、录事、府、史、亭长、掌固等员。国子博士二人，掌教文武官三品以上及国公子孙、从二品以上曾孙之为生者，属官有助教、学生、典学、庙干、掌固等员。太学、四门亦然。太学博士三人，掌教文武五品以上及郡县公子孙、从三品曾孙之为生者；四门博士三人，掌教文武七品以上及侯伯子男子之为生者，若庶人子为俊士生者。国子直讲四人，掌佐博士、助教之职，专以经术讲授而已。律学博士一人，掌教文武官八品以下及庶人子之为生者，以律令为专业，格式法例所兼习之。属官有助教、学生、典学、书学等员。书学、算学亦然。书学、算学各博士二人，并掌教文武官八品以下，庶人子之为生者，以书、算。自武德初，以国子学隶太常寺，又省国子司业及丞。贞观初，改国子寺为监；六年，复置国子司业一人。龙朔二年，改国子监为司成馆，祭酒为大司成，司业为少司成，博士为司成宣业；又于东都置国子监，其学生于两京教授。咸亨初年，改司成馆复为国子监，大司成复为祭酒，少司成复为司业。本一员，至太极初年加一员。光宅初，改国子监为成均监，祭酒为成均祭酒。长安四年，国子监始置直讲焉。神龙初，改成均监复为国子监，成均复为祭酒。天宝九年，置广文馆，领国子监进士业者，博士、助教各一人。五代因之。教化之本，学校为先，振古以来，历代而下，莫不慎择能者以居其任。业专所以世守，师严然后道尊，驰辨彰乎洽闻，抗议明乎适变。考论章句，则析理惟精；刊定阙疑，则伏膺罔倦。因祖述而缀旧学，次甲乙而总群纲，小道可观，靡不覃究，用被国奖，实耀儒林。若乃自负好胜，争名忌前，亦著于篇，以示惩艾。凡学校十有五门。

【文本分析】

这篇文章简要概括了自上古三代至唐代，我国古代学校制度的发展。从中可以看出，历朝历代都非常重视通过设立专门的官制机构来保证教育制度的运转，从中央到地方都已经具备了初步的体系。这一时期的教育内容主要是学习儒家的经典，同时辅之以文学等其他学科，以道德教养为第一关键。文中提到的“教化之本，学校为先”，说明了学校在教育过程中起到的重要作用，不容替代，至今仍有现实意义。

第四章　集部文献

集部文献概说

集部，我国古代图书四部分类法中的第四大类，也叫“丁部”。集部所收为历代作家的散文、骈文、诗、词、曲和文学评论等文学类著作。

清代《四库全书总目》的集部包括楚辞、别集、总集、诗文评、词曲等5个大类，其中词曲类又分词集、词选、词话、词谱词韵、南北曲5属。除了章回小说、戏剧著作之外，以上门类基本上包括了社会上流布的各种文学类图书。

《四库全书总目·集部总叙》

集部之目，楚辞最古，别集次之，总集次之，诗文评又晚出，词曲则其闰余也。古人不以文章名，故秦以前书无称屈原、宋玉工赋者。洎乎汉代，始有词人。迹其著作，率由追录。故武帝命所忠求相如遗书，魏文帝亦诏天下上孔融文章。至于六朝，始自编次。唐末又刊版印行。夫自编则多所爱惜，刊版则易于流传。四部之书，别集最杂，兹其故欤。然典册高文，清词丽句，亦未尝不高标独秀，挺出邓林。此在翦刈卮言，别裁伪体，不必以猥滥病也。总集之作，多由论定。而《兰亭》《金谷》悉觞咏于一时，下及汉上题襟、松陵倡和。《丹阳集》惟录乡人，《箧中集》则附登乃弟。虽去取佥孚众议，而履霜有渐，已为诗社标榜之先驱。其声气攀援，甚于别集。要之，浮华易歇，公论终明，岿然而独存者，《文选》《玉台新咏》以下数十家耳。诗文评之作，著于齐梁。观同一八病四声也，钟嵘以求誉不遂，巧致讥排；刘勰以知遇独深，继为推阐。词场恩怨，亘古如斯。冷斋曲附乎豫章，石林隐排乎元祐。党人余衅，报及文章，又其已事矣。固宜别白存之，各核其实。至于倚声末技，分派诗歌，其间周、柳、苏、辛，亦递争轨辙。然其得其失，不足重轻，姑附存以备一格而已。大抵门户构争之见，莫甚于讲学，而论文次之。讲学者聚党分朋，往往祸延宗社。操觚之士笔舌相攻，则未有乱及国事者。盖讲学者必辨是非，辨是非必及时政，其事与权势相连，故其患大。文人词翰，所争者名誉而已，与朝廷无预，故其患小也。然如艾南英以排斥王、李之故，至以严嵩为察相，而以杀杨继盛为稍过当。岂其扪心清夜，果自谓然？亦朋党既分，势不两立，故决裂名教而不辞耳。至钱谦益《列朝诗集》，更颠倒贤奸，彝良泯绝。其贻害人心风俗者，又岂鲜哉。今扫除畛域，一准至公。明以来诸派之中，各取其所长，而不回护其所短。盖有世道之防焉，不仅为文体计也。

【选文说明】

本章选文《止止堂集》二篇及《保定莲花池书院藏书记》《莲池书院课艺序》《百宋一廛赋》，共5篇，均属于别集类。其中，《保定莲花池书院藏书记》《莲池书院课艺序》是对保定莲池书院藏书特色文献的首次收录。

一、《止止堂集》二篇

【背景介绍】

戚继光（1528—1588），字元敬，号南塘，晚号孟诸，登州（今山东省烟台市蓬莱区）人。他出生将门世家，从小刻苦读书，积极上进，立志报效国家。嘉靖二十三年（1544），十七岁的戚继光袭祖职，任登州府佥事。嘉靖三十四年（1555），二十八岁的戚继光调任浙江都司佥事。第二年，担任宁绍台参将，负责宁波、绍兴、台州三府广大地区的御倭重任。嘉靖三十八年（1559），戚继光到义乌招募矿工和农民四千多人，经过一年多的训练，这支军队成为一支能征善战的精锐之师，他把训练士兵的条款汇集成书，这就是《纪效新书》。戚继光在东南沿海抗倭十二年，从浙江打到福建，又从福建打到广东，大小近百战，均获大胜，清除了长期以来的倭患。隆庆元年（1567），戚继光被调往北京、河北一带，开始负责抵御蒙古部族的进犯。在训练北方兵士时，戚继光把训练的条款编成《练兵实纪》。在蓟镇的日子里，他把多年以来写的诗文汇集成书，名为《止止堂集》。

【正文】

《止止堂集序》

《止止堂集》者，少保左都督戚公元敬之所著也。《集》之部二，曰诗文，则《横槊》一编既之矣；曰著述，则《愚愚》一编既之矣。不佞获卒业焉，作而叹曰：吾今而后乃知文武之道也。当三代之盛时，其公卿大夫若伊、周、太公望、仲山吉甫辈，皆通极于道德性命之奥，究于太上之所谓立而后以其绪措之而为功，宣之而为言。其所谓功者不相则将，而所谓言者诵而训诰咏，而雅颂要非有二途也。秦汉而下，虽将相之任未判，然而其学无所根柢，以故其用不能相通贯。然营平之议屯田，与武乡之表出师，此皆于矛盾之上得之，何尝不滚泽通理哉？彼其于道，犹时间有所暗诣故也。嗟乎！绛、灌无文；随、陆无武。即绛、灌之武，吾未之敢议；不知随、陆之文，其于文果何如也。元敬自束发而从军者踰三十年，南歼倭、北劲胡，横草之功勒于五熟之釜，遂至师保，极人臣，三十年之间未尝一日不披坚执锐，与士卒共命于矢石之下，何暇握管谈艺哉？以今睹其所著，存而彬彬者，师旅之什，发扬蹈厉，燕闲之章清婉调畅；纪事之辞委曲摹写；誓师之语立发剔腑。然此犹其副墨耳，著述之篇迹，若以为巷史黄初者。顾其太孅（美）在于推物情、穷时变，洞阴阳之消长，验人事之得失，曲而中，肆而隐，往往于身心实际出之，机有所不能秘，念有所不能忍，始稍露其一斑于兵法焉。吾不敢遽以三代之合称之，然何至作傅修期、杨处道，工一檄、长一咏而已。元敬既得请解岭南帅符，过余山中，而出其书曰："愿以此受一言摘。"余少长于元敬二岁，弱冠汩没于铅椠，今且老矣，方有子云雕虫之悔，而暇为元敬叙之。虽然元敬不得，余亦必传，且谓元敬传余哉？余传元敬哉？

【文本分析】

万历十年（1582），内阁首辅张居正病逝，继而被弹劾抄家，而此前戚继光备受张居正器重，因此在次年，戚继光被谪调广东。万历十二年（1584）十一月，戚继光被罢职。万历十三年（1585）十月，戚继光回到故乡，晚境凄凉，孤身一人。万历十六年（1588），戚继光病逝，终年六十岁。戚继光在罢职返乡的途中，专门拜访了王世贞，请其为《止止堂集》作序。王世贞敬佩戚继光为抗击倭寇、维护国家安宁所作出的贡献，非但没有拒绝一位官场失意之人，而且在所作序文中对戚继光所作所为给予高度认可。今所存明刻《止止堂集》的这篇王世贞序有落款时间“万历丙戌春二月既望”，万历丙戌是万历十四年（1586），序中言“虽然元敬不得”，说明王世贞写完此序时，戚继光已回原籍，不得见此序。后来的《止止堂集》多无王世贞序，也说明王氏序文最初是和该书分开流传的，戚继光在世时恐怕并未见到这篇文字。

【正文】

《请兵破虏疏》（隆庆戊辰）

顷岁岛夷犯顺，臣待罪行间。幸赖庙谟制胜，闽、浙底宁。而以西北有警，召臣还京听用，正臣立功报主之日也。臣束发从征，三历边境，其情状可略而言。昔人云中国长技有五，今乃一无足恃。以故丑虏凭陵，所至无敢当其锋。昔先帝驭将非不严，综理非不密，而卒无裨益者，以因循久而惮于更张。即有奇谋，不无顾忌。一也。兵食两乏，掣肘多而便宜难，议论多而责速效。二也。臣谨以兵食器用、赏罚大计，条为四事，为皇上陈之。如言果不谬，授臣以十万之师，假臣便益。方其始集，则寓兵于农亩，而边鄙莫窥其形。取给于公家，而齐民不病其扰。其合也，沿途杜驿骚之害，入阵成节制之师，驱之为战，则胜算在我，而无失律之虞。及其成功，则张弛自如，而无不掉之患。斯士气日张，而虏气日夺，然后分此十万之众，以训九边，九边之兵强矣。举此以训京营，京营之兵强矣。即布昭神武，问罪匈奴，无不可者。由是冗兵可汰，冗食可裁。移修边之费以资供需，撤戍边之兵以资训练，而买马之费可省，屯田之政可修。非直强兵，亦以富国，一劳永逸之上计也。次者，与臣五万，使得一当匈奴，令其不敢南牧，遗中国十数年之安，计之次也。不得已，与臣三万，非敢必有功，完缮收保，以待虏来，伺有可乘，因而击之，计之下也。如以臣言纰谬，令臣沿袭故事，所将不逾万人，而缓急无益于事。臣即不自爱，谓国威何？惟乞圣明矜察施行，边方幸甚，臣愚幸甚。

一、练兵。今之兵，外则九边原设边军与入卫民兵，内则三大营与四省班军也。民兵改而征银，班军充乎工作，其边兵则摆守边墙。夫摆边之说，须驻重兵以当其长驱，而又乘边墙以防其出没，方为完策。乃今守要，既无重兵，其界惟恃一墙，相去数丈仅列一卒。虏即轻骑入犯犹不可支，况大举乎？第相沿日久，如遽撤之而虏猝来，谁任其咎？况边兵志气销沮，惮虏积威，终不可化，责以成效，不亦难乎？其京兵则恃承平日久，窜身豪门，本业久废，非若国初百战精锐之士。不惟沦浃难变，抑且沮格不行。外此惟招募一途，而有家者多不应募，其应者多无籍之徒。不严则不可用，严则苦其不堪，相引而去，未见其便也。求其可语节制者，莫如父子兵；可与共任者，惟良有司。夫有司分土分民，亲则父子，尊则师帅。丘庐坟墓，悉入版图。兵甲钱粮，皆可取给。盖能制其死命，而后可得其死力也。倘不以臣为过计，容臣会同谭侍郎通将劲敌堪出兵邑分若干处，备查才堪牧御，不拘科甲与见任废弃，相应邑令者若而人，及臣旧部将与新访堪任将领者若而人，列名奏取赴京，与臣等歃盟，同心共济。其各县令，访求境内豪杰义勇，预加优恤，仍先调原练乌、台兵一万，授以战阵机宜，期以半年人彀。比时，各县政化洽而民心归，乃分投各将领赴各县，同县令募兵三千，即以县令监督，以将领统之，就彼依法训练。通俟一年，各有成验，乃调近京地方合练之。由是分训边兵，九边之兵精矣；由是间置京兵与之习效，京营之兵精矣。如或不效，臣甘欺罔之诛。况县令监兵，尤有便益。即有逃避，在伍可以究其父兄，在籍可以系其妻子。召之集则不敢后期，率之归则不敢生扰。往臣练义乌兵，即与该县赵大河同事；及赴台，亦以大河监督。故军法虽严，不敢逃避，士心咸服，而无怨恣。此已试之明效也。其各县官不必作缺，另委署事。回军之日，照旧供职，论功叙迁。庶责成有定，分无所逃，而统体相维，心亦无解也。如以责专城社，难以监征。或每府以府佐一员总其县兵，或每省以兵备一员监其募练，而仍严责县官，同心共济。为初集之计，抚循室家于调后之时，亦一策也。

一、议食。今臣以十万请，幸而听臣，所费不赀，欲取办于度支与内帑，必不能给。宜于练兵该省应解钱粮，各给其半。俟调集之日，通计该省兵若干，预备二年之食，于解京银征足，奏委二司官一员收押，随兵支给，又将支过若干报部，听令处补。既免空虚之患，亦无转运之难，庶为两便。

一、制器。夫虏之长技在冲突，我之短在不能用车。然行之不效者，制度不合，轻重失宜。或载兵仗而不利长驱，或驾以牛马而不能当铁骑。况无数万之众而辄用车，是自阱也。若臣所利用者，首则战车、鸟铳、百子铳；次则火箭、珠筒；次则藤牌、长刀，各负铁背；次则闷棍，各带铁胸。其制造不必仰给工部，惟分行各省。广东出藤牌则造牌，福建出刀则造刀，浙江精鸟铳则造鸟铳。战车、百子铳，就近山东、（山）西、河南造之。即将各省造盔甲、弓箭等停止，改造前器。一年之数不足，预借二年、三年。或借布政司银与抚按赃罚。仍听臣取旧用谙熟实心做事之人到京，授以方略，分投委发；以彼省监司一人管钱粮，都司一人管造局。如无堪任，另选谙习者任之。造完即令押解赴营，或不堪用，各官尽产赔偿，必不假贷，则器皆可用，而动有成功也。

一、均赏罚。夫制胜既需群策，而功赏当及劳臣。功成之日，监、督二司及监造都司与监兵知县，各照所管，分别轻重，不次超擢，非大故不得指摘瑕疵。致仕之日，功升级俸，支与终身，仍录其子姓。其各省巡抚并各该守巡及府县佐二，一体论功，以为共事之劝，此赏格也。至于责成委任，更乞敕谕吏部、都察院，通行各官，务同心奉国，毋持异见，毋败本谋。或姑息小民，视边事如秦、越；或士既成列，假勾摄以乱其行；或官能任事，倡流言以孽其短。有一于斯，即行参究。或私受风旨，故为阻挠，给饷不时，训练无效，随亦坐罪不贷。其各县既有责成，即有人言，暂免论劾，俟有成绩，然后殿最之。盖事于多官，本难齐一。故臣不患御虏之难，而患联合协济之不易也。则不惮于喋喋者，凡以是耳。

【文本分析】

在戚继光取得抗倭的决定性胜利之后，南方的倭患基本扫清，隆庆元年（1567），朝廷将其调往北方抵御蒙古。戚继光怀着满腔希望到达北京后，他将早已成竹在胸的御虏方略加以补充、细化、完善，立即向朝廷上《请兵破虏疏》，陈述他练兵备战、抗击鞑靼的具体方案。他请求朝廷授予他便宜行事之权，让他统率10万大军，并将这10万大军训练成节制之师。然后在平原旷野之上，与敌人堂堂正正地厮杀格斗，打几个大仗，使敌人一败涂地，心寒胆裂，再也不敢南下进犯。10万强兵练成之后，分散到九边进行练兵，这样九边士兵都可以成为强兵；再用来训练京营，京营的兵也可成为劲旅。用这样的军队去征伐鞑靼，就可以无往而不胜。这是巩固北部边防的上策。同时，有了这训练有素的10万强兵，“冗兵可汰，冗食可裁。移修边之费以资供需，撤戍边之兵以资训练，而买马之费可省，屯田之政可修。非直强兵，亦以富国”。如果10万之数不可得，他请朝廷给兵5万，经过训练，也可抵挡鞑靼，使其不敢南犯，亦可保边境十数年安宁，这是中策。如果5万也不行，就请给兵3万，虽然不敢保证一定成功，但完善关塞、严密防守，敌人进犯时，也可以乘隙一击。不过这是不得已的下策。如果“以臣言纰谬”，连3万兵都不给，仍像以前那样，领兵不超过万人，那么在鞑靼来犯时，就无济于事了。“臣即不自爱，谓国威何”！

在《请兵破虏疏》中，戚继光认为，边兵老弱不齐，久无训练，惮虏畏敌；京营承平日久，窜身豪门，本业早废，已非精锐，所以只有实行招募。但一般的招募多是无籍流民，管束不严则不可用，稍严即叫苦不迭，离队逃跑。因此他想按照在浙江的做法，依靠地方官员，招募新兵加以训练。他请求和兵部侍郎谭纶“不拘科甲与见任废弃”，选择领兵的将领和文官，选好后与他们歃血为盟，同心共济募练新军。他建议调久经战斗考验的浙江旧部下乌台兵一万，教以战阵机宜，争取半年内完成，并要求各县访求本地豪杰义勇，预先加以抚恤。将训练有素的浙江兵分赴各县，同县令一起募兵三千，即以县令监军，就地依法加以训练，争取一年之内练成；各地兵练成后调至近京地方进行合练。然后再用这支军队去训练边兵，九边之兵都可成为精兵；再将京营兵置于这支劲旅之中，日夜习效，京营之兵也就成了精兵。“如或不效，臣甘欺罔之诛”。戚继光在《请兵破虏疏》中，还对士兵的来源、粮饷的筹集、战车兵器的制造、功罪赏罚等提出了具体建议。他着眼于整个边防，主张以战为主，战守结合，实施积极防御战略，最好是能训练十万精兵，“游兵击敌”，主动出击，彻底征服鞑虏。即使在兵力不足的情况下，也“须驻重兵以当其长驱，而又乘边墙以防其出没，方为完策”。戚继光提出的这一整套抗击鞑靼内犯的谋略，是他在带山东民兵轮戍蓟州时就开始思考的问题，是在对敌情、我情进行认真分析的基础上，经过多年的酝酿提出来的，是他多年来带兵打仗经验的总结和发展，而这一谋略对北部边防来讲则是从练兵到战法的重大变革。

二、《保定莲花池书院藏书记》《莲池书院课艺序》

【背景介绍】

清雍正十一年（1733），直隶总督李卫奉旨在莲池万卷楼西面创建莲池书院，万卷楼则成为莲池书院的藏书楼。雍正、乾隆两帝曾数度钦赐书籍，万卷楼名声重振。光绪二十六年（1900），八国联军攻占北京。同年闰八月，英、法、德、意联军南侵保定，烧杀抢掠，莲池书院遭劫，万卷楼藏书损失过半。光绪三十四年（1908），直隶省提学使卢靖筹款建立直隶图书馆，馆址位于莲池内东部偏北。宣统元年（1909）十一月，直隶图书馆建成开馆，成为中国最早的公共图书馆之一。馆内收藏古籍约两千余种，十万余卷，大部分为原莲池书院藏书。

以往资料对于莲池书院在清中期的情况介绍不足，而生活在乾隆时期的汪师韩曾任莲池书院山长，其所撰《保定莲花池书院藏书记》《莲池书院课艺序》，为我们了解当时莲池书院的实际情况提供了宝贵的参考。

汪师韩（1707—1780），字抒怀，号韩门、上湖，钱塘（今浙江省杭州市）人。清进士，任翰林院编修、湖南学政等职，曾受直隶总督方观成之邀，任莲池书院山长。著有《上湖纪岁诗编》《文选理学权舆》《诗学纂闻》等。

【正文】

《保定莲花池书院藏书记》

保定莲花书院，创自雍正初年。余自乾隆三十年来为院长，问向贮书几何，则无一卷。或言院中数十年所积皆为前人捆载连车以去，院去其籍，莫可稽也。窃念院以书名，教士不以书而空谈乎性命诚敬之学，师若弟相率面墙而背卭，余不惟不能，亦不敢。爰请制府桐城方公，拨藩库银三百两，悉官购买于京师，得书约四百函，装四大橱，于是经史大书咸备。录书目四册，一收掌于院之提调；其三册分呈制府、藩司及专理书院之清河道。又刻印，每书印之，以防后弊。他日提调官更替，书人交代焉。余慨夫儒者义利之辨不明久矣。古之好读书者，家无书，则阅肆借人，强记而抄撮之。非然，则有求为吏者矣，有为人佣作者矣，及其既达，则如李公择留所抄书九千卷于庐山读书之僧舍。苏文忠作《李氏山房记》，称其仁者之心。公择非以讲学为事者，而顾念来者若此。书院之设，悯贫士之艰难，预储群籍以供占毕。又恐其读焉不解，而延师与解之。古经师所有事，曰“都授”，曰“都讲”，苟无书，则何以授，何以讲乎？书固非一时一人计也。余非能保是书之长存而不失也，但就目前赴业者，将责以有书之不读，而无使恨夫求读而无书。则是举也庶几近于义乎。

《莲池书院课艺序》

余自乾隆乙酉来为保州莲池书院院长，院中书籍无存。首先请于当路，购自京师而经史略具，历桐城、辽阳、仁和三宫保公，公并以敦士习正文体为任。英贤蔚集，虽诸生牵于人事，或进退不常，而余则晨昏讲授无闲，忽忽且十年矣。林持弟丧，又病目眊，兼有二杜之苦，急理还装。濒行，诸生以余品课日久，请汇十年之文，选评以成一集。余方諠詷，不暇审择，爰属钱吉士鼈堂、张孝廉雪筠董其事，而余为序之。窃观讲席之设，矜己者博道学之名；狥人者尚揣摩之术。余则两谢不能，挚虞所谓浅学之师、暂学之师是矣。顾身在名场五十年，宦途载踬，此未尝一日废书。既任其责，必尽其诚。日举平生所习闻于先生长者之绪论。文章之道理，法而已。不但性命仁诚之为理也。制义带圣贤立言，辞气缓急轻重、虚字闲文，各有义蕴。先辈所以约经之旨，抉经之心者，所关在此法，不独布格命意，伏应断续之为法也。篇法、股法、句法、字法，粗疏支缀，过不及，均失其宜，且词必宗经，而或杂以子、史之文，与词章之语，体制乖违，皆为非法。至于常时下帷发愤，其要亦只两端：曰细心，曰虚心。不用功者，心不能细，心不细则有模棱，仿象而不求解者矣。不读书者心不能虚，心不虚则有抄撮捋摭以自足者矣。务矫其失，斯履其难，初不敢信，人人尽以其说为然，而持说则始终如一。是编所辑，未敢谓可追踪先民也。幸不迷溺于俗学而共相勤勉于实学，知沿而不止所成就，必有不诣其极不止者。昔尝从望溪先生游，先生于馆课间出四书题，谓他日将主文衡，制艺之学不可以登第而遂废不讲焉。余于诸贤亦窃有厚望矣。

【文本分析】

汪师韩在乾隆三十年（1765）就任莲池书院山长时，检视院中藏书，发现其先所藏旧有典籍几乎荡然无存，其原因在于掌管典藏者失职，致使院中藏书被人盗走。汪师韩认为，书院的基本职能在于教育，为读书人提供阅读之书。因此，他申请购书经费，购置图书，重新充实了莲池书院的藏书。虽然汪师韩就任莲池书院山长的时间并不长，但其在恢复莲池书院藏书、教育方面起到了至关重要的作用。然而，汪氏所做的努力未能得到很好的保护，其所购置的书籍在之后的岁月里仍旧丢失亡佚。等到咸丰十一年（1861）黄彭年第一次主持莲池书院时，馆中藏书已不足千卷（《万卷楼书目序》）。

三、《百宋一廛赋》

【背景介绍】

清代藏书家对于古籍善本的重视程度进一步加强，自清初钱曾以“佞宋”自居，在此后相当长的一段时期里，藏书家们大都继续秉持这一观念，如嘉道时期著名的藏书家黄丕烈，其与顾广圻合作的《百宋一廛赋》并注，成为藏书史上的经典之作，但因该作品文字较长，故而至今少有选本将其选入。本书针对这一现象，将其全文录入，以供读者学习阅读之用。

黄丕烈（1763—1825），字绍武，一字承之，号荛圃、绍圃，又号复翁、佞宋主人、秋清居士、知非子、抱守主人、求古居士、宋廛一翁、陶陶轩主人、学山海居主人、秋清逸叟、半恕道人、黄氏仲子、民山山民、龟巢老人、复见心翁、长梧子、书魔、独树逸翁等。江苏苏州人，清代藏书家、目录学家。有藏书室士礼居、百宋一廛、陶陶室等。

顾广圻（1766—1835），字千里，号涧苹、无闷子，别号思适居士、一云散人，元和（今属江苏省苏州市）人，清朝著名校勘学家、藏书家、目录学家。与孙星衍、黄丕烈等人称清一代校勘学巨匠。

【正文】

予以嘉庆壬戌，迁居县桥，构专室，贮所有宋椠本书，名之曰“百宋一廛”。请居士撰此赋。既成，辄为之下注，多陈宋椠之源流，遂略鸿文之诂训，博雅君子，幸无讥焉。

元和顾广圻撰　吴县黄丕烈注

佞宋主人佞宋，出于《述古堂书目序》，予恒引为窃比，故居士设此名也搜求经籍，鸠集艺文。深识妙览，博学赡闻。折肱既更，醉心有在。东都托始，南渡断代。排比百种，标榜一麈此读，依徐仙民《周礼音》。传之好事，诧为极观。

乃有瞑行阑子寓言也踵麈而评诸曰："盖吾闻善读者之于书也，并包自古，贯穿及今。琢璞任手，握珠委心。祛锲舟于来编，悟斫轮于往牒。敏超阅肆，识周亡箧。纵有隋唐卷轴，汉魏油素，尚将规检回洑，刊落抵捂。是知恶札非苦，俗本何病？值擿获佳，遭铅斯正。且夫相变者势，递运者时。杀简忽其告谢，镂版遁以方滋。而乃峻立畦畛，强分堂室。岂贵远而贱近，抑嗽名而吐实？辱在下风，惑此莫释。敢效其愚，高明盍择？"主人造然未有以云也。时则思适居士存焉居士姓顾，名广圻。元和县学生，喜校书，皆有依据，绝无凿空。其持论，谓"凡天下书，皆当以不校校之"，深有取于邢子才"日思误书，更是一适"语，以之自号云，将盱衡而诰，爰有睟其容曰：异乎客！真所谓夏虫难与语冰，栝柏之鼠，不知堂密有美枞也郭注《尔雅》引《尸子》此文，栝本作松。在昔校领者依中，写定者据故。徐遵明之所往读，杜伯山之所爱护，用以发其深思，于焉遂其好古。自曩哲而固然，非偻指之胜数。夫宋也者，浚摹印之重源，延转录之一脉。孳长兴以萌芽，拓显德而增益。贻后留真，睎先袭迹。及灵光之犹存，舍司南其安适此四韵，实显宋椠之体用也。夫书之言宋椠，犹导河言积石也。上言之，则东汉一字群经，魏三字群经，并典论镌勒于石，此一源也。下言之，则唐元和壁经，析坚木，负墉而比之，制如版椟，此又一源也。自是至于后唐长兴九经刻版，周显德《经典释文》雕印，既省传写之劳，兼视丰碑为便，人事所趋，势固宜尔。于是终始宋代，官私所造，遍于四部。《玉海》及马氏《经籍考》等，详其事焉，就中即有利病，究之上承转录，此其嫡脉，故曰贻于后而留其真，以睎于先而袭其迹也。及今远者千年，近者犹数百年，所存乃当日千百之一二耳，幸而得之，以校后本，其有未经改窜者，鲜矣！夫君子不空作，必有依据。宋椠者，亦读书之依据也，故比之以司南，谓指南之车，韩子书为此称矣。奈何谩讹正以同归，昧精滥之殊致。触手断镇库之珍，瞥目乏惊人之秘。耳域陬食，心安陋肄。指趣已爽，涉猎皆盭。今将究深情，宣至理，勘利病，雠臧否，申长见于主人，启未闻于吾子。则有举此明后皆陈一廛之所有，下文云“亦有”，云“其余又有”，义皆同姬公《礼》经，六籍冠冕。高密家法，传注之选。厄繇难读，文褫句揃。不睹严州，绝学曷显？忠甫所载，则符节必合；开成所勒，则矩矱未偭严州本《仪礼》郑氏注十七卷，每半叶十四行，每行大廿五字，小卅字不等。居士尝跋其后云“张忠甫校《仪礼》，有监、巾箱、杭、严，凡四本，今所存识误称严本者十许条，以此验之，无一不合，其为严本决然矣”云云。亭林顾氏言“十三经中，《仪礼》脱误尤多”。《士昏礼》脱“壻授绥”云云一节十四字。赖有长安石经据补，而其注疏遂亡。又言《乡射》脱“士鹿中”云云七字。《士虞》脱“哭止”云云七字。《特牲》脱“举觯者祭”云云十一字。《少牢》脱“以授尸”云云七字。以为此秦火之未亡，而亡于监刻。今考严本，则各条固俨然具存也。其余补正注文者，尤不可枚举。居士尝采入所撰《思适斋笔记》后。经史子三部，古书亦多有所采也，宏文学士，悉情裁疏。陈李闻人，纷纭失路。官本复出，景德旦暮。列卷五十，面目呈露。标经题注，乃完乃具。寻马序于《通考》，豁长夜而重曙景德官本《仪礼疏》五十卷，每半叶十五行，每行廿七字。每卷题“唐朝散大夫行太学博士宏文馆学士臣贾公彦等撰”。“悉情裁疏”者，公彦等序中语也。陈，陈凤梧。李，李元阳。闻人，闻人诠。散疏入注，而注之分卷遂为疏之分卷。又去疏所标经文起止，盖出于陈凤梧，明正德时事也，而闻人诠、李元阳因之。万历监本、汲古毛氏本，又转转因之于是。而马氏《经籍考》所载《仪礼疏》五十卷，又载其先公序曰“得景德中官本《仪礼疏》四帙。正经、注语，皆标起止，而疏文列其下”者，举世无复识其面目者矣！先公，贵与父，名廷鸾。今与其所得者正同。末后名衔盈幅。案之《玉海》，悉符故事。居士屡夸此书在宋椠中为奇中之奇，宝中之宝，莫与比伦者也。唯第三十二至第三十七，凡缺六卷，仅从魏了翁《要义》中粗识大略耳。亦有《周礼》一官，《春秋》泰半，忾许剑之待悬，怅籯金之莫换残大字本《周礼》郑氏注《秋官》二卷，每半叶八行，每行大十六字，小廿一字。旧许赠居士从兄抱冲道人之逵，未及而道人殁矣。残相台岳氏本《春秋经传杜氏集解》，行字之数，与覆本同，所存一至六，又十五至十八，又二十三至二十六，又二十九、三十，凡十六卷，得三十卷之泰半也。同县袁廷寿，寿皆甫，亦有残本，而未能取之以相补。

《月令》第六，昭公廿年，玩索有得，丹铅所传。耒耕上曲，死而赐谥。只字能排，百朋奚啻残大字本《礼记》郑氏注，每半叶十行，每行大十八字，小廿五字不等。所存五至八，又十一至十五，仅九卷。予跋之云“《月令》注：‘耒，耕之上曲也’，他本‘耕’误为‘耜’，赖此正之。”可知其佳也！残小字本《春秋经传杜氏集解》，每半叶十四行，每行大廿三字，小廿三字。所存前后凡二十三卷。又残中字本，每半叶八行，每行十七字。所存前后凡十八卷。若以两本相补，唯少第十四卷耳。其昭公廿年，两有。与阎百诗、何义门所说死而赐谥皆合。但未知当日所见为何本。《谷梁》附音之制，《尔雅》单义之式。先声孕南，支流殿北《监本附音春秋谷梁传注疏》二十卷，每半叶十行，每行大十八字，小廿三字。官本《尔雅疏》十卷，每半叶十五行，每行三十字。言此《谷梁》既并注疏，又附释文，其制与明南监所贮十行版大段悉同。是孕其先声。《尔雅》则邢义单行，旧式犹在。虽疏家支流，实为北宋之殿也。居士前在阮中丞元十三经局立议，言北宋本必经注自经注，疏自疏。南宋初，始有注疏。又其后始有附释音注疏。晁公武、赵希弁、陈振孙、岳珂、王应麟、马端临诸君，以宋人言宋事，条理脉络，粲然可寻。而日本山井鼎《左传考文》所载绍兴辛亥三山黄唐跋《礼记》语，尤为确证。安得有北宋初刻《礼记注疏》及淳化刻《春秋左传注疏》事乎？今此赋所云，即平昔议论也。

《说文解字》，始一终亥，无手迹于邵陵，有旧观于东海。隘林宗之重写，邮斧季之轻改，收储则一夔已夸，著述则三豕犹采小字本《说文解字》十五卷，中缺者影写补足。每半叶十行，每行大十八字，小廿五字不等。尝别见国初叶林宗奕所藏，仅从此刻传写者耳。近青浦王司寇昶家乃有之，极加宝贵，几流一足之誉也。常熟毛氏初刊，颇与相近。后经斧季扆节次校改，而大徐氏之旧观，渐以尽失，金坛段茂堂先生玉裁来寓吴中，遂有《汲古阁说文订》之作。宋本之妙，固已洗剔一新。即遇其误，亦必反覆推寻，不加遽斥。夫以海内通儒，谈其专业，犹且伏膺郑重、铅椠疲劳者如此，然则有何末学置喙地哉？客曰：“今之《说文》，皆许慎手迹乎？”事见《颜氏家训》。人不通古今，而好为议论，类如是耳。南唐《系传》，难弟楚金，漶漫俄倾，点窜侵寻，硕果之辨，不食字林，起寒山以把臂，咨灵威以赏音残本《说文系传》，每半叶七行，每行大十四字，小廿二字。所存起《通释》之第三十至末，凡十一卷。寒山赵颐光家旧物也。此书尤延之、吕太史、李巽严，皆言其断烂阙误。时距小徐未为远，故曰“俄倾也”。今歙人有刊行之者，正文尚脱落数百字，又经不学之徒，以大徐本点窜殆遍，真有不如不刻之叹！予得此本，当即《困学纪闻》所云“今浙东所刊，得于石林叶氏、苏魏公本者也”。非犹不食之硕果乎？残本故云辨，辨古辦字；小学类，故云字林耳。予又有虞山钱楚殷家所钞完本，钮君树玉曾借去校读，击节不置。使椠本而完，当复何如也？钮君家洞庭山。

浩浉乙部，逴踪三家，冒戒伤廉，所取太奢此言史、汉、国志三家，史部之最，而尚必取宋本焉。故云伤于廉也。《汉书》特善，清秘留将，是曰景祐，戛乎弗亡。余丞之上言，观洙之参详。仆尝目验，若毛若汪。削长决赘，补乙弥创。招小宋以研精，当悔下其雌黄，每之冏而愈况，胡项背之敢望景祐二年本《汉书》一百卷，每半叶十行，每行大十九字，小廿七字。末列秘书丞余靖上言。又，张观、王洙皆预参详中也。每卷上下方皆有朱校字，最后复有墨书二行云“右宋景文公，以诸本参校，手所是正，并附古注之末，至正癸丑三月十二日。云林倪瓒，在凝香阁谨阅。”居士曾为予细校汲古本，而予以汪文盛本佐证之。凡于二本所削所补，各千百字，推原其故，景文之是正已属有失无得，乌论后此者？乃递经大书深刻，悉溷班书，可不谓至诬乎？唯此本未经淆乱，诚宜压卷史部也。之冏，元刘之冏。其所刻，流俗辄目为佳，故居士偶涉之耳。乙者，以钩识去其字。招，举也，读如翘关。良史实录，藉用识蜀，乃本古以惬心，复字大以悦目蜀大字《史记集解》一百三十卷，每半叶九行，每行大十六字，小廿字，所缺旧钞补足之。又残本仅有《西南夷》至《汲郑》五列传。考汲古阁《秘本目》，有蜀本大字《史记》，云有缺，未知与此何如也。孤行《吴志》，数册仍六。举承祚之一隅，反少期之全局单行本《吴志》二十卷，每半叶十四行，每行廿五字。冠裴松之《上三国志注表》于首，其下即接《吴书一》云云。乃当日专刻，即汲古阁《秘本目》所载宋版《吴志》六本者也。举一隅，反全局，言推异同之大凡。承祚、少期，文体之互耳。后汉翻雕，秘书指踪。牒互孙宣，班范关通。建塾敬室，致美罕同。兼收并蓄，矩叠规重残本《后汉书》，每半叶十行，每行大二十字，小廿四字。仅存《纪》八、《志》三、《列传》十五卷而已。乃北宋年间，翻雕景祐本也，故行款正同。又残本二，皆缺损已甚，嘉定戊辰蔡琪纯父所刻也。前仍列秘书丞余靖上言，而行款改为八行十六字矣。景祐校班、范二书，同时雕印。予所藏班《书》，前互入《乾兴元年中书门下牒国子监文》

一通，即孙奭以刘昭注司马彪《志》，补章怀注范《书》故事也。《曝书亭集》谓此不自奭始。以今考之，则以彪补范，诚始于刘。而以昭补贤，实始于孙。朱说疏矣。又残本二，一但缺志，一缺损已甚，而其中有志第二十二，又第二十四至末，凡八卷，每半叶十行，每行十八字，目录后题云"建安刘元起刊于家塾之敬室"，乃南宁精雕也。此一书三刻，而残本共五。缅刘昫之撰唐，时罔新而那旧。缘欧宋以易称，几不察于相狃。骤开卷而知益，杖绍兴之教授残本刘昫等《唐书》，每半叶十四行，每行廿五字。仅存志十一至十四，廿一至廿五，廿八至卅，列传十五至廿八，卅八至卌七，五十至六十，七十八至八十三，一百十五至一百十九，一百廿九至一百卅四，一百四十下至一百四十四上。凡六十七卷有零，每卷末有题名云"左奉议郎充绍兴府府学教授朱倬校正"，又有校勘人题名四行，文繁不录。予跋之曰："标题云《唐书》者，昫等撰时本然。盖欧宋《新唐书》未盛行之先，无旧称也。覆本在明嘉靖时，不特多误，抑神气索然矣。"莆田编年，始末九朝。流传宇内，夥矣胥钞。呰目升而纲降，闵实混而名淆。快拜嘉于一诺，饫良友之淳醪。逊廿五以居乙，引积薪而解嘲莆田陈均《皇朝编年备要》三十卷，每半叶八行，每行大十六字，小廿三字。编年下有空字二格。又残本《皇朝编年纲目备要》，每卷半叶八行，每行大十六字，小廿四字。列目止于廿五卷，后别为一行，云："已后五卷，见成出售。"今于廿五卷中，又缺其五。所存者凡二十卷而已。二本版刻不同，皆宋精雕。今世通行传钞，改大小字而一之，又不复知其有纲目之名，失之甚矣！完本初为予友五砚主人袁寿皆甫所藏，后割爱见归，遂甲予旧有也。

见可释《鉴》，音训是优。被抑身之，耽与阐幽。行明字纑，终卷无修。哂旧史之枕秘，谓未白乎豕头史炤《通鉴释文》三十卷，每半叶十二行，每行大小三十字。自元胡三省之《通鉴释文辨误》盛行，而此书遂微。其实胡所长地理。若声音训故，乃不如史之有所受之也。予别见同郡蒋姓所藏，行间字里，皆未若此本之明缅。昔嘐城旧史氏某公，偶得一新钞本，特诧为枕中秘。曾请借观，坚不相许。后既得此，因于予所画得书图跋语中稍靳之，而居士取以入赋也。见可，炤字。中兴馆阁，录续系联。《永乐大典》，证明匪全。夺胎肖貌，简或闲编。潜采自郐，洵无讥焉陈骙《中兴馆阁录》十卷，每半叶九行，每行大小十八九字不等。《书录解题》云《续录》者，后人因旧文增附之也。《录》缺《沿革》一门，《续录》缺《廪录》一门，《永乐大典》已如此矣。居士从兄抱冲道人所藏，乃毛氏影钞精本，惟貌惟肖者也。然宋本误装《续录》卷第七"《提举编》修国朝会要"一叶及"提举秘书省提纲史事"二叶，上入《录》之七卷中，而影钞者竟改填板心字为"中兴馆阁录"云云以实之。非见此本，无由覆正也。外此所见钞本，更非毛比矣。故曰竹垞潜采堂以下等诸自郐焉。《东家杂记》，去圣虽远。杏坛三成，尧颡亲展。愈求野于礼失，慨并官之久舛。会叔节之书丹，谂耶邑以数典孔传《东家杂记》二卷，每半叶十行，每行十八字。首列杏坛图说，详《读书敏求记》。坛三重也。遵王家所钞。今在抱冲道人小读书堆。而余所得，未知即叶九来宋椠否。中载圣妃氏曰"并官"。钱少詹大昕有言，以《韩敕碑》考之，字本是"并"，而今作"开"，即圣裔有不知其误者。此尚未讹。故居士以为岂非刘子骏所谓"不犹愈于野"者也。子政《列女》，深父发蒙，颂后有赞，遂等俄空。割赉研之和璧，竞南城之楚弓。惜画像之终佚，进补亡于屏风建安余氏勤有堂本《古列女传》七卷、《续》一卷，每传有图，传在图之左右及下方。行字之数不画一。此书是王回深父据颂所定。于是而颜黄门以为后人所羼者，始别在《续》内矣。予初见此书，从抱冲道人许。有国初人跋云"余藏《列女传》古本有二。一得于吴门老儒钱功甫。一则乱后入燕，得于南城废殿中""此则废殿本也""近又简吴中旧刻，颂后有赞，乃黄鲁曾以己作窜入，与古文错迕，读者习而不察久矣！秦汉古书，多为今世妄庸人驳乱，其祸有甚于焚燎"云云。后予遂从他所得此，即所谓钱功甫本也。又别见蒋篁亭杲校本。尝两及之，云何义门处见之，谓赉研斋宝如双璧也。居士为道人校雠，重刊行世，文悉仍旧，即考证亦别为卷。独定其画像题顾恺之者，为余氏补绘而削去。予佞宋，尚时时惜之，故居士以为岂欲进补屏风之亡乎？仍意不之许也。"画之屏风"，向颂义大序之一句。历代纪年，十得其九。自序绍兴，今也乌有。顺理悬解，陈录乃剖，也是疏略，难复辞咎残本晁公迈《历代纪年》卷二至十，所缺第一卷也。每半叶十行，每行十九字，《书录解题》云其自为序，当绍兴七年。今未见。以此序在首而亦缺也。此即述古堂旧物，而《敏求记》但言绍兴壬子，乐清包履常为之锓木以传，不及自序之有无并所缺卷，是疏略也。土风清嘉，维桑与梓。乐圃先生，石湖居士，《图经》续前，《郡志》肇始。必文足以能征，宁疵刓之徒恃。幸宋子之导先，喜叶公之见诶，汰悬磬之秕糠，洗汲古之泥滓绍兴甲寅本朱长文《吴郡图经续记》三卷，每半叶九行，每行十八字。中间缺叶，钱磬室手钞补足。首有楷字长方印，其文曰“叶文庄公家世藏”。绍定本范成大《吴郡志》五十卷，每半叶九行，每行大小十八字。述古堂旧物也。《图经续记》，磬室曾刊行。《志》则汲古阁刻之。予最先得太仓宋宾王蔚如所校《志》，知毛据残宋本开雕，故如《牧守》《题名》，脱落特多，余亦每与此不合。乃悬磬室中亲藏宋椠《图经》，何讹舛亦复不少耶？明代刻本，其不足徒恃，有如此者。《临安》百卷，分豆剖瓜。海盐常熟，荟萃竹垞。坠简十七，或亡或赊。不遘神胶，讵容足蛇残本潜说友《咸淳临安志》，所存八十三卷，每半叶十行，每行大小廿字。又钞补者十卷。《曝书亭集》跋此书曰予从海盐胡氏，常熟毛氏，先后得宋椠本八十卷，又借钞一十三卷，其七卷终阙焉。今予所得，较多宋刻三卷矣，然其余十七卷，或竟未见，或虽钞补而终非宋刻。唯闻长塘鲍君廷博所藏本，内有宋刻六十五、六十六二卷，为出竹垞所见外。不识天壤间，其尚有他本可补足否也。严州故郡，一名新定，钱君可则，成志氏姓。入山得宝，斯痴宜诊。歙然有怀，食跖之性钱可则《新定续志》十卷，每半叶八行，每行大小十八字。编纂者为方仁荣、郑瑶其。曰《续志》者，续董弅《新定志》也。志即《严州图经》。钱少詹大昕论此曰“宋人州志，多用郡名标题”。其说是矣。初，书贾某甲业于杭之城隍山，收杂志书数百种。以帐寄示，《续志》在焉，予遂探得之，每以波斯识宝自衒。然《图经》残本，首三卷近在某乙许，因居奇差池，亦用为歉。每展此书，辄复萦抱，居士其知予心哉。姚校短长，抽其端绪，悬诸国门，不朽盛举。永续命于剡川，厚释诬于雅雨，方缀学之共仰，良无烦乎觍缕剡川姚氏本《战国策》三十三卷，每半叶十一行，每行二十字。其注之所校，又双行分系于注下。所谓注中有注者也。癸亥年，予影摹重刊，又以至正乙巳吴师道本互勘，为之札记，详列异同，凡三卷。于是而卢雅雨本窜入鲍彪所改及加字并抹除者各条，始不复相牵溷矣。此书与予庚申年刊明道本影钞《国语》，皆颇行于世。

兰陵老师，旧监经营。唐刊台库，瞠其先鸣。扩纪闻之同异，订轩轾而为平。徯余姚之匍匐，循故步乎熙宁熙宁本《荀子》二十卷，每半叶八行，每行大十六字，小廿四字。《困学纪闻》云：“《劝学篇》‘青出之蓝’作‘青取之于蓝’，‘圣心循焉’作‘备焉’，‘玉在山而木润’作‘草木润’，‘君子如向矣’作‘知响矣’。《赋篇》‘请占之五泰’作‘五帝’。监本未必是，建本未必非，余不胜纪。”又云：“今监本，乃唐与政台州所刊。熙宁旧本，亦未为善，当俟详考。”此本之末，有“吕夏卿重校，王子韶同校”题名，即熙宁旧本也。建本与元纂图互注者颇近，明世德堂本又从之出。余姚卢学士文弨合校诸本，撰定开雕，曾见从此影钞者而引之。居士细加覆审，其所沿革，往往可议，故步一失，无所持循。凡合校之弊，必至于此矣。《新序》经进，年月具官。庚寅焚如，历劫偏完。禆益是正，奚止一端。髯兮侈富，于兹寒酸《新序》十卷，每半叶十一行，每行廿字。每卷首题“阳朔元年二月癸卯护左都水使者光禄大夫臣刘向上”。第一卷后，有国初人跋云“旧本《新序》《说苑》，卷首开列‘阳朔’‘鸿嘉△年△月具官臣刘向上’一行。此古人修书经进之体式，今本先将此行削去”云云。本红豆旧物也。后入《延令书目》。可知未遭庚寅之炬。予尝校之一过，每与居士商榷，如《战国策札记》所载，桃仁字之属，取资宏多矣。阳山顾大有所藏，亦宋椠，后归蒋辛斋氏。赐书楼之书散出，予尝见之。其刻差后，遂多错误。然则此真北宋椠也。昔何义门手校，据彼而未知有此。故言何所见他宋椠极多，而于兹有所不逮矣。何用一小方章，其文曰“髯”。授老则汉时结草，注庄则晋代悬河。易州深刻而齐轨贵少，吴县大书而合辙美多建安虞氏本《道德经》二卷，每半叶十行，每行大小廿字不等。河上公章句也。予跋之曰：“‘如春登台’，尚未误倒，与唐开元易州石刻合，因知其佳也。”南宋本《南华真经》十卷，每半叶十行，每行十八字。郭象注也。以《经典释文》标举之大字证之，合者居多矣。吴县谓陆元朗。冲虚错互，举世相仍。处度敬顺，纠缪淄渑。划然分判，使我伏膺。吴都注后，藐藐鬯朋《冲虚至德真经》列子，张湛处度注八卷，每半叶十二行，每行二十五字。今世所行明世德堂本《注》与唐当涂县丞殷敬顺《释文》合并，不复可以识别。卢学士《群书拾补》，以意分之，不若此本未附《释文》，尤为确然而无误也。卷第五“五山始峙而不动”一句，俗本皆脱“而不动”三字，居士举刘渊林《吴都赋》注有之以相证，谓《列子》善本无逾此。今考《玉海》载祥符四年官校《列子》事，殆其时之本欤？居士尝为余言，殷敬顺《释文》，乃宋道士碧虚子陈景元依托。今赋文仍云敬顺者，不遽改旧称也。高解《鸿烈》，盖云善哉。向贵芦泉，顿成陪台。愤道藏之赝鼎，每张目而一欸。将高邮以助予，临欲借而迟回小字本《淮南鸿烈解》二十一卷，每半叶十二行，每行大廿二字，小廿五字。楝亭曹氏旧物也。相传惠松厓绝称明芦泉刘绩补注本，惠尝见宋本者也。其实刘出于正统十年《道藏》，不如宋椠远甚。近有妄庸人，取《道藏》，以己意涂窜增删，又多造童牛角马之字，移易旧文，刻版印行，不知者遂目《道藏》为真。如此，其贻误何可胜言耶？高邮王庶子引之方事重校，曾枉札相讯。居士与王不相知，而颇讽予借与之也。黄门《家训》，篇廿卷七。欣遇考证，检度缮密。缩述古而稍布，窘边幅之小失。恢逸闻于书院，喟共山其无匹淳熙台州公库本《颜氏家训》七卷，每半叶十二行，每行十八字。后附嘉兴沈揆考证一卷。凡三册。每册首尾有"省斋"一印，"共山书院"一印。"省斋"未详。共山书院有藏书目录，柳待制为之序，称汲郡张公，不详其名，延祐三年，参议中书省，钱少詹大昕《补元史艺文志》载之者也。又每册首尾纸背有一长方钤记云："国子监崇文阁官书，借读者必须爱护。损坏阙失，典掌者不许收受也。"皆逸闻也。末有何义门跋云"此书为沈虞卿所刊"。虞卿绍熙中尝以中大夫秘阁修撰知吾郡，见范志《牧守》题名。又云虞卿自号欣遇，见杨廷秀《朝天集》。近长塘鲍氏已用述古堂影钞本刊入《知不足斋丛书》第十一集。然就其丛书为大小边幅失之窘矣。倦翁《愧郯》，亦丛长塘。导源梦羽，功归滥觞岳珂《愧郯录》十五卷，每半叶九行，每行十七字。八至十一凡四卷，皆钞补。余尚有空白未补者十叶。即鲍氏丛书底本也。有"扬氏梦羽"一印。光远《鉴戒》，向为不腆。流丹青而贸实，眷云烟之过眼小字重雕足本何光远《鉴诫录》十卷，每半叶十五行，每行廿四字。出项氏天籁阁，经阮亭、竹垞诸老手题。初，居士从徐七来家廉值得之，旋为其友程子世铨夺去。鲍绿饮时尚未与居士相识，从程借钞，近亦刻入丛书，其跋绝不及居士。且有程以厚价购得语。当由不悉原委也。今其事已阅二十许年，程薄宦江右，而书转展归予。曾属居士补作一跋，跋之尾句曰"不能无云烟过眼之感也"。文莹《湘山》，元钞未并。《挥麈》结衔，朝请明清。认讳《图画》，添序《茅亭》。津逮率尔，革秘之名释文莹《重雕改正湘山野录》三卷，《续》一卷，每半叶九行，每行廿字。宋刻上卷三叶起，至中卷二十三叶止，凡四十七叶。余五十三叶，元人补钞。有跋云"至正十九年六月十九日览讫"。残本《挥麈后录》所存仅第一、第二两卷，三录三卷全。每半叶十一行，每行廿字，卷首题"朝请大夫主管台州崇道观汝阴王明清"一行。临安府陈道人书籍铺刊行本郭若虚《图画见闻志》六卷，每半叶十一行，每行廿字。遇宋讳皆阙笔，翻本不如是矣。黄休复《茅亭客话》十卷，每半叶九行，每行十八字。末有石京后序一篇。以上四种，皆经汲古毛氏刊入《津逮》中。然《湘山野录》斧季重用前本手勘者，今亦在予家。错误无虑数十百处也。其余大率类是。故居士以为秘书之名，即革之，斯可矣。医药方论，载网载罗。乾道《伤寒》，淳熙《产科》。专门畴觉，遑计其他李柽《伤寒要旨》二卷，每半叶九行，每行十六字。末叶有二行云："右《伤寒要旨》一卷，《药方》一卷，乾道辛卯岁刻于姑孰郡斋。"此书载《书录解题》，陈氏曰皆不外仲景也。朱端章《卫生家宝产科备要》八卷，每半叶九行，每行十五字。末卷有三行云长乐朱端章，以所藏诸家产科经验方编成八卷，刻板南康郡斋。淳熙甲辰岁十二月初十日。钱遵王言其首列借地、禁草、禁水三法，今罕有行之者，亦罕有知之者矣。《活人》问答之丛残，《事亲》图说之戢舂。得《十便》于《大衍》，贵《千金》于《备急》。窥《秘要》于邺台，佥有渖之可拾残本《重校正活人书》。每半叶十行，每行十九字。所存十至十二，凡三卷。《书录解题》云《南阳活人书》十八卷，朝奉郎直秘阁吴兴朱肱翼中撰。以张仲景《伤寒方论》，各依类聚，为之问答也。晁氏《读书志》云二十卷。今未知孰是。残本张从正《儒门事亲》，所存二十一叶，自《撮要》至《扁华诀》，凡七目。有毛子晋印章。汲古阁《秘本目》宋板《医家图说》一本，即此也。残本《十便良方》，每半叶十三行，每行廿二字。所存十一至十七，又廿一至廿三，凡十卷。其目尚存，盖本四十卷，仅得四之一耳。其序乃钞补，称附益绍熙孙稽仲所集《大衍方》，"果得其便，凡十焉"，末署"庆元乙卯十月二十四日汾阳博济堂书"。作者姓名未详。孙，名绍远。《大衍方》载《书录解题》。残本新雕孙真人《千金方》。每半叶十四行，每行廿四字不等。所存一至五，又十一至十五，又二十至末，凡二十卷。以钱述古钞本《千金备急要方》校之，尚鲜有一处符合者，可称奇秘矣。"人命至重，有贵千金"，思邈自序语也。残本《外台秘要方》。每半叶十三行，每行廿四字。所存但目录及第廿二卷耳。近闻居士为阳城张古余先生敦仁，以廉值获泰半部，心驰神往于一见矣。以上五书，皆缺损已甚，故等之于拾渖。拾渖字本出《左氏传》，而此所用，意有小异也。

笼经史与百氏，羌更仆而未殚，苟泛言以及集，又文海而诗山此二韵，为下文其余又有张本也。尔其陶诚夐世，签题元笔，规往之外，几尘屡拂《陶渊明集》十卷，每半叶十行，每行十六字，汲古阁《秘本目》云："与世本夐然不同，如《桃花源记》中'闻之欣然规往'，今时本误作'亲'，谬甚，他如此类甚多。签题系元人笔，不敢易去"云云，即此本也。最后附《曾纮说》一首云："亲友范元羲寄示义阳太守公所开陶集。”末署宣和六年，是北宋槧矣。宋宣献言：“校书如拂几上尘，旋拂旋生。”即此说中语也。翰林歌诗，古香溢纸，擩染乱真，对此色死元丰三年临川晏氏本《李太白文集》三十卷，行字之数与康熙中缪氏覆本同。缪尝用以乱真，然特不可以对此耳。九家杜注，宝庆漕锓，自有连城，蚀甚勿嫌残本《新刊校定集注杜诗》，每半叶九行，每行十六字。所存五十五叶。即宝庆乙酉曾噩子肃重摹淳熙成都本，刊于南海之漕台者也。《敏求记》称其“开板宏爽，刻镂精工”，洵然。惜缺损已甚耳。自有连城者，断章于遗山诗。王沿表进，移风麻沙，秀句半雨，夙假齿牙《王右丞文集》十卷，每半叶十一行，每行二十字不等。传是楼旧物也。王缙搜求其兄诗笔，随表奉进。此刻是麻沙宋板。《送梓州李使君》诗，亦作“山中一半雨，树杪万重泉”云云。皆见《敏求记》。孟出史院，憧脱覆瓿，抉剔其妙，辰翁却走《孟浩然诗集》三卷，每半叶十二行，每行廿一字。有“翰林国史院官书”楷字钤记。嘉定瞿中溶镜涛甫见之曰：此元时印也。存于今者仅矣。憧、仅同字。予以校元刻《须溪先生批点孟集》，乃知辰翁强分门类，遂致全篇或脱或衍，字句间更不足言矣。昌黎数四，百衲之裔，别加点勘，须兹起例残大字本《昌黎先生文集》，每半叶十行，每行十八字。所存卷二十二至卷二十六而已。传是楼旧物也。又残小字本《昌黎先生集》。每半叶十一行，每行廿字。所存卷一至十，字画方劲，而未有注，当是北宋槧。又残本同前刻，所存第三十九、第四十两卷。又残本《朱文公校昌黎先生集》。每半叶十二行，每行廿一字。所存卷十一至末。予欲以四残本相辅完，故曰可作述古堂主人百衲《史记》之流裔也。别加点勘者，郡前辈陈少章氏，先已著有《韩集点勘》也。又张古余先生向得残本。今年春，曾许与南宋残本《九章》，及张邺建《孙子算经》，一并脱手见赠。介居士及袁寿皆甫易校。予新得残本《太平御览》，助孙渊如先生星衍付刻于山东，后经某人惎之不果。某人者，予旧学徒也。庐山长庆，见取六丁，金华太史，独著精灵残本《白氏文集》。每半叶十一行，每行廿一字。所存十三至十六，又二十六至三十四，又五十五至五十八，凡十七卷。《长庆集》，北宋时镂诸版，所谓庐山本者。庚寅一炬，种子断绝。唯此金华宋氏景濂所藏小宋版，图记宛然，古香可爱，推希世珍矣。事详《敏求记》。其所数存卷有误，今正之。宾客碑文，受教名儒，以石攻错，乍彰其瑜残本《刘梦得文集》。每半叶十二行，每行廿一字。所存一至四而已。曩者，钱少詹大昕借读明刻完本刘集于予，手校《袁州萍乡县杨岐山故广禅师碑文》，疏于别纸云石刻与刻本不同者二十余字，多五十余字，今宋本虽未能尽尔，然与明刻异者，必与石刻同矣。五言长城，未隳文房，杂著附见，知胜建昌残本《刘文房文集》，每半叶十二行，每行廿一字。所存五至十，凡六卷。《书录解题》云《刘随州集》，唐随州刺史宣城刘长卿文房撰。诗九卷。末一卷杂著数篇而已。建昌本十卷，别一卷为杂著。予别藏临何义门校，即据建昌本以相覆勘，知此为胜也。次道序后，贞曜增重，彼哉玩物，厕诸骨董小字本《孟东野诗集》十卷，每半叶十一行，每行十六字。北宋椠也。有集贤校理常山宋敏求《后序》及《本传》《贞曜先生墓志》各一首。曾藏于延令季氏，亦入传是楼，盖叠为真赏家所重矣。又有安麓村一印，安卖骨董者。敌舆中书，文饶一品，事涉经济，不厌其审残小字本《陆宣公奏草》，五、六两卷。又《中书奏议》，五、六两卷。每半叶十二行，每行廿二字。汲古阁旧物也。残本《会昌一品制集》，每半叶十三行，每行廿二字。所存一至十，凡十卷。此二种，予悉尝用以手勘他本，语人云不敢因其缺损已甚而忽之！岂特佞宋，而亦以重二公也！今为赋所取。胡曾咏史，广陵剩余，米评陈注，兴叹翳如《注胡曾咏史诗》三卷，每半叶十一行，每行大廿二，小廿七字。延令季氏旧物也。首题“前进士胡曾著述并序，邵阳叟陈盖注诗，京兆郡米崇吉评注并续序”，世罕知之者矣。此书，江君藩自扬州以之归余也，诗凡一百五十首，起《乌江》，终《荥阳》。虽小可观，睦亲之坊，唐求味江，山人幼微，咸宜女郎，昭谏甲乙，用晦丁卯，洎朱庆余，一一妍好《唐山人诗》一卷。《女郎鱼元机诗》一卷。《甲乙集》十卷。《许丁卯集》二卷。《朱庆余集》一卷。每半叶十行，每行十八字。皆临安府棚北大街睦亲坊南陈宅书籍铺印行，所谓书棚本是也。若乃觌温国于徐卢，箴传家之膏肓《温国文正司马公文集》八十卷，每半叶十二行，每行廿字。首为刘峤《序》，次为《进司马温公文集表》。表第一叶间，有朱书一行云“洪武丁巳秋八月收”，钤以小方章一文云“徐达左印”。又大方章一文云“松云道人徐良夫藏书”。卷第八十后副叶，有墨书三行云国初吴儒徐松云先生收藏《温公集》八十卷，缺九卷，雍谨钞补，以为完书云。弘治乙丑秋九月望日。石湖卢雍谨记。予得之以嘉庆丁巳暇日，偶校旧钞《传家集》，触处见误，近刻复何足道耶！书之可称祖本者，唯此种是矣。脉石林之奏议，郁剥落而生芒叶梦得《石林奏议》十五卷，每半叶十行，每行廿字。每卷次行题“模编”二字，后有跋，末署“开禧丙寅六月既望，侄孙朝奉大夫改差权知台州军州兼管内劝农事借紫笺谨书”。此书，陈直斋著于录。近汲古阁《秘本目》载影宋精钞。此较胜之矣，居士颇惜其纸板有剥落处也。神子適之渭南，叶告梦之殊祥《渭南文集》五十卷，每半叶十行，每行十七字。前有序一首，署“嘉定十有三年十一月壬寅，幼子承事郎知建康府溧阳县主管劝农公事子遹谨书”。此是家刻，故游字皆去末笔。白堤钱听默，书贾之多闻者也，语予曰：相传庚寅一炬之先，放翁示梦于汲古主人曰有《渭南文集》一部，在某所，可往借之。遂免于厄。噫！文人结习，有如是哉！通体完好，中有阙叶，钱叔宝手钞补足。摭剑南以作二，俾混连之就匡残本《新刊剑南诗稿》，每半叶十行，每行廿字。所存一至四，又八至十，又十五至十七，凡十卷。前有“淳熙十有四年腊月几望，门人迪功郎监严州在城都税务郑师尹”序一首。《书录解题》云《剑南诗稿》二十卷，止淳熙丁未。《续稿》六十七卷，自戊申以及其终，当嘉定庚午。其幼子遹续刻之。今经汲古毛氏一概合刻，面目无复存焉者矣。此虽残帙，犹可考其初不混连也。跻友林之逸品，俪声价于吉光史弥宁《友林乙稿》一卷，每半叶八行，每行十六字。予又有覆本，行字相同。潜揅堂题跋中，在都门所见，即覆本耳。真本流丽娟秀，兼饶古雅之趣，在宋椠中，别有风神，未容后来摹仿也。予跋之，目为逸品。又考赵希弁《读书附志》云《友林诗稿》二卷，有黄景说，曾丰序。今诗既一卷，又无此序，佚其甲稿无疑矣。裂梁溪之卅八，孰斯文之可丧残本《梁溪文集》，每半叶九行，每行廿字，凡三十八卷。末有乾隆六年二十六世孙枚跋。称雍正己酉，下榻衍圣公之九如堂，询知《梁溪文集》为旧族高阳相公持去。高阳讳爵。越十余年，过上谷所属之地，高阳府第，半属荒基，而是集犹在，因以历岁所余馆谷与之，而是集始得返赵云云。观此可知其珍重也。然实经割移卷第，而跋未之知。今予就版心字迹厘正焉。古律诗九、十两卷，为第十三、十四；表札奏议三至十四，为卷第四十一至五十二；又廿四至卅二，为第六十二至七十；又五十三至六十，为第九十一至九十八；又六十二为第一百；《迂论四》为第一百四十八；又九、十两卷，为第一百五十三、一百五十四；题跋上中下，为第一百六十一至一百六十三。《书录解题》云百二十卷。赵希弁《读书附志》云百七十卷。此即百七十卷之本。证击壤于泰兴残本《伊川击壤集》，每半叶十行，每行廿一字。所存三至六，凡四卷而已。泰兴季氏旧物也。《延令目》云宋邵康节《击壤集》二十五卷即此。彼时盖尚完。然考晁、陈及马氏著录，“五”乃衍字，讀乖崖于崇阳残本《乖崖先生文集》，每半叶十行，每行廿字，所存一卷至六卷，以下至卷十二，皆赐书楼旧钞本也。《读书志》十卷。陈直斋云近时郭森卿宰崇阳刻此集，旧本十卷，增广并语录为十二卷。今此本前有“咸淳乙巳中春朔，邑子朝散大夫特差荆湖安杭大吏司主管机宜文字、权澧州军州事赐绯龚梦龙”，序云前令君天台郭公森卿，尝刊置郡斋。己未兵毁，遂为煨烬。今令史左绵伊公赓，以儒术饰吏，复锓梓以寿其传。是郭本之重刻于崇阳者也。奇两探于真魏《西山先生真文忠公文集》，五十五卷，每半叶十行，每行十八字，其卷八至十一，又二十五至二十八，又五十二至五十五，皆钞补。而第五十一全卷尽缺。考《书录解题》《经籍考》，皆五十六卷，《延令目》乃云“五十一卷”。今宋椠前后凡存四十二卷，而止于卷之第五十。钞补未知所出，无以订此也。《鹤山先生大全集》，一百十卷，每半叶十一行，每行廿字。首有淳熙己酉宛陵吴渊序。第一卷首缺损一叶又四行。其第五行，始为“寄题雅州胥园”云云。而明邛州刻本，竟以此题为首，误甚矣。惜缺十八、十九，卅五至卅八，四十三至四十六，五十至五十三，七十五至七十七，一百八，凡十八卷。西山与鹤山并称，洵南宋之两大儒也。予皆得其集之善本，亦足以豪矣，异三搴乎豫章残本《豫章黄先生文集》，每半叶九行，每行十八字。所存一至十四，又十七至十九，凡十七卷。其第一卷末，有“山房李彤洛阳朱敦儒正是”一行。残本《豫章黄先生外集》，每半叶九行，每行十八字，所存一至六而已。第六卷末叶，为书贾所去。别以第十四卷末叶足之，因此叶后亦有“山房李彤”云云一行。自诡于全帙也。《延令书目》载《后集》六卷，殆缘是欤！然其所载《山谷集》三十卷，则未缺。今不知在何所。残本任渊《山谷黄先生大全诗注》，每半叶十一行，每行大廿字，小廿四字。所存卷一至十八，其后皆缺。每卷中复多缺叶。末叶有粘签一条云“一本永乐二年七月二十五日，苏叔敬买到。”抱冲道人得南城废殿本《古列女传》有此。即载于《敏求记》者。其外未闻更见于他书也。予尝携就小读书堆验之，字迹正出一手。文考信于南卿残本王阮《义丰文集》，每半叶十行，每行十八字。所存五十八叶。前有淳祐戊申大梁赵希塈叙，后有淳祐癸卯吴愈叙。通体均遭剜补，文仅末半叶与前半叶“和渊明词”云云。初不连属，缺损已甚矣。元书几卷，无从考见。惟《程史》以为阮所作诗，号《义丰集》，刻江泮，校官冯椅为之序者，有诗无文，决非此本也。南卿，阮字，词传疑于立方残本《侍郎葛公归愚集》，每半叶十二行，每行廿二字。所存五至十三，凡九卷。渔洋山人《居易录》云宋葛立方常之《归愚集》十卷。诗四卷，乐府一卷，骚赋杂文一卷。

外制二卷，表启二卷。今宋椠无乐府。而予藏汲古毛氏精钞宋人词百种中有之。即刻入六十家者也。或是传钞者取以附益耳。《书录解题》："二十卷"。此椠当与之同。但不识乐府在缺卷内否。谛栾城而小字残本《栾城集》，每半叶十一行，每行十八字。所存前集共八卷，后集所存九至廿一，凡十三卷。明刻于文中年月官衔任意删削，殊不耐观。予别从抱冲道人处见一残册，其字较大，亦宋椠也，披益公而疏行残本《周益公集》，每半叶十行，每行十六字。所存者为《省斋文稿》，一至八，又廿八至卅六；《平园续稿》，一至十五，又廿七至卅，又卅六至四十；《玉堂类稿》，六至八，又十一至十三；《历官表奏》，一至五，又十至十二；《承明录》，一至六；《书稿》，九至十一。《附录》五卷。凡六十九卷。疏行大字，轩爽悦目。予又尝别见欧集于某所，款式悉同。此殆仿彼而为之也。参寥归摄六之物《参寥子诗集》，十二卷，每半叶十一行，每行廿四字。验其收藏最先，为莲须阁旧物。有"黄子羽读书记"小印也。子羽，名翼，摄六是其号。此印，前《湘山野录》亦有之。凡各书图记，唯涉赋文，乃加详述，余或有偶及者，然多不尽也。如此书，并有季沧苇、徐健菴名氏章，致道返淮东之藏《北山小集》四十卷，程俱致道撰，每半叶十行，每行廿字。用故纸刷印。钱少詹有跋云"验其纸背，皆乾道六年官司簿帐。其印记文可辨者，曰湖州司理院新朱记，曰湖州户部赡军酒库记，曰湖州监在城酒务朱记，曰湖州司狱朱记，曰乌程县印，曰归安县印，曰监湖州都商税务朱记，意此集板刻于吴兴官廨也。纸墨古雅，洵是淳熙以前物"云云。卷尾有"黄氏淮东书院图籍"印，未详其为何人。上句曰"归"，此曰"返"者，由吾宗以取义也。伊骈列以十数，悉求是之康庄言宋集而得宋椠，考信最确，不假他涂也。至于宣城之三谢唐庚集《三谢诗》一卷，每半叶十二行，每行廿二字。卷中有"嘉泰甲子郡守谯令宪重修"云云。所谓宣城本者是也。予得于蒋氏贮书楼，篁亭有手记，字数行在末叶，京兆之五窦《窦氏联珠集》，每半叶九行，每行十七字，淳熙五年刊本也。昔见何义门校汲古阁刻，其跋云康熙辛卯春日，购得叶九来所藏宋本。乃顾大有旧物，因改正五十余字。中行《杏山馆听子规》一篇诸本皆脱去。尤可笑者，和岘、王崧二跋中，"大天"字皆讹为"大夫"。人不通今古，其陋乃至此耶云云。今覆案之，诚然。其《听子规诗》乃窦常之末篇，使君之才调《才调集》十卷，每半叶十行，每行十八字。卷二至卷五，为宋椠，余钞补。第一卷有"季振宜藏书"一印，合诸《延令目》云《才调集》十卷，四本。宋本"本"字《季沧苇藏书》作"板"。

钞补。知其即此，衲子之宏秀残本《唐僧宏秀集》，每半叶十行，每行十八字。缺后二卷，并缺第一卷一叶，又半叶。《敏求记》载“元人钞本”“十卷”，云“宝祐第六春菏泽李龏和父编”。盖完帙也。唯汲古阁《秘本目》“影宋板精钞”，不著其完与残，未知出何本耳，荆公之百家残本《唐百家诗选》，每半叶十行，每行十八字。所存一至十一，凡十一卷。首有杨蟠序，商邱新刻所无。余亦相去径庭。又有分类宋椠残本，在小读书堆，洪氏之万首残本《万首唐人绝句》，每半叶九行，每行廿字。所存前后凡三十六卷，而序及目录完好无恙。《敏求记》言目录二卷，《敏求记》作三卷，七言七十五卷，五言二十五卷，六言一卷，赵宧光所刊，统而一之。讥其好自用，诚哉是言也！明嘉靖时，有覆宋本者，规模未改，胜赵刻远甚。然终不若此之可宝，唐粹则一朝《文粹》一百卷，每半叶十五行，每行廿六字不等。末题云“临安府今重行开雕《唐文粹》一部，计二拾策，已委官校正讫。绍兴九年正月△日。”其名衔文繁不录。尝见何义门、小山兄弟，皆用此以校明刻本，朱字烂然，至于盈纸。予近亦思手勘一副本，而逡巡未就。乃知前人用功之勤，亦有未可遽没者，宋选则众手小字本《圣宋文选》，三十二卷，每半叶十六行，每行廿八字。无序目并撰录人姓名。凡选十四家：欧阳永叔二卷、司马君实三卷、范希文一卷、王禹偁一卷、孙明复二卷、王介甫二卷、余元度一卷、曾子固二卷、石守道三卷、李邦直五卷、唐子西一卷、张文潜七卷、黄鲁直一卷、陈莹中一卷。此书徐立斋旧物也，近从武进赵司马怀玉所归于予，又尝别得残本。同此一刻。缺卷七至十一，王禹偁、孙明复、王介甫三家，他日当影钞补足之，遇其全可以乐，遭其缺可以守。冶金铁而必精，流纤洪而均受言总集类八种，全缺参半。其书亦非一致，特因宋椠并收也。

其余又有朱杨之易，徐解拾遗《朱子易学启蒙》上下卷，每半叶七行，每行十五字。卷首自序一通，末署“云台真逸手记”，亦逸闻矣。《张先生校正杨宝学易传》二十卷，每半叶十行，每行廿一字。张先生者，诚斋门人张敬之显父也。前有淳熙戊申诚斋自序及奏札。此二种，宋人说经之未入徐氏《通志堂经解》者，故曰拾遗也。红豆累跋，河汾表微《文中子》十卷，每半叶□行，每行□□字。红豆旧物也。卷端有其二跋。其一云：“此为宋刻善本。今世行本出安阳崔氏者，经其刊定。驳乱失次，不复可观。今人好以己意改窜古书，虽贤者不免，可叹也。”其一云云，乃论王通也，兹不具录。统和《手镜》，方辽庶几《龙龛手鉴》四卷，每半叶十行，每行大小卅字不等，上声一册，汲古毛氏精钞补足。相传此书辽刻，元名手镜，宋刻改为鉴，今验此标题，是宋而非辽矣。《敏求记》所载与此正同。乃遵王仍以契丹镂板说之，岂因首列“统和十五年丁酉七月初一癸亥，燕台悯忠寺，沙门智光字法炬序”，遂以为据耶？序云犹“手持于鸾镜”，“镜”字但缺一笔而不改，则又何也。《四六余话》，非槧犹稀《云庄四六余话》，不分卷，每半叶十一行，每行十九字。首题“杨囦道深仲”，末题“幔（宛委别藏本作慢）亭黎梦庚秀伯校正”。此书不见于诸家著录。唯述古堂目有之。云“一卷”钞，益知宋槧之为罕秘矣。一册垂丞相之型《汉丞相诸葛忠武侯传》一卷，每半叶十行，每行十七字，凡卅三叶为一册，文三桥旧藏也。此传，宋传讲张栻所为，其详在《书录解题》传记类，廿叶感左徒之躅钱杲之《离骚集传》一卷，每半叶九行，每行十八字。凡廿一叶。云廿叶，举大数。鲍氏刊入丛书，即从此出。汲古阁旧物也。予得之桐乡金主事德舆家。卷首有画兰一幅，香草以配忠贞，其斯之谓欤。蔡撮鉴而甫知文子《袁氏通鉴纪事本末撮要》八卷，每半叶十四行，每行廿三字。首列两行，一云“建安袁枢机仲编”，一云“建安蔡文子行之撮”。各家书目所未载。有“昆陵周九松藏书”一印，刘苑诗而才闻伯玉《诗苑众芳》，每半叶九行，每行十五字，无序目卷数，凡诗廿四家，首长乐潘氏，终古汴吴氏，署云“吴郡梅溪刘瑄伯玉敬编”。亦各家书目所未载也。愚斋增注之三赋大字本《王十朋会稽三赋注》，不分卷，每半叶九行，每行大十八字，小卅二字不等。注中有注。三赋者，会稽风俗、民事堂、蓬莱阁也，前有嘉定丁丑愚斋史铸序云风俗一赋，虽有剡溪周君为之注，惟以表出山川事物为意，而公之文章，以经史百家之言，盘屈于笔下者，殊未究其根柢。暨民事、蓬莱之作，其注又阙然无闻，由是不揆芜浅，辄皆为之注云云。周名世则，梅山校正之尺牍《李学士新注孙尚书内简尺牍》十六卷，每半叶十二行，每行大廿字，小廿五字，无序文及刊刻年月。目后有“蔡氏家塾校正”六字。予向有赵灵均用元天历庚午本所校之明刻，其首有钞补序一通，云“庆元三祀闰余之月，梅山蔡建侯行父谨序”。以之相证，即此本之序，而今失去耳。元本盖从之出也。文诀变其从同残本《迂斋先生标注崇古文诀》，每半叶十二行，每行廿三字。所存首至卷八，又卷十五至末，又钞补四卷。元二十卷之中，仍少十二、十四两卷。有一印文曰“吴郡西崦朱朩荣书画印”，又有“朩荣”“西崦”各一印，吾郡明初之藏书者也，颇不经见，《文诀》藉此增重矣。予尝欲搜访藏书家，起元明之交，终于所闻见，各撰小传，合编一集，然后如朩荣者，或不致有名氏翳如之叹，此亦好古之责也，历要矜于所独《三历撮要》一卷，每半叶十行，每行十九字。竹汀钱少詹观之曰所引《万通》《百忌》《万年具注》《集圣》《广圣》诸书，皆选择家言，司天监据以铺注颁朔者也。刘德成、方掺仲、汪德昭、倪和甫，盖当时术数之士，今无能举其姓名者矣。予谓阴阳伎术之书，本易亡失。《集圣历》四卷，宋杨可撰，载晁志。《百忌历》二卷，称唐吕才撰，载陈录。今皆未见。此历亦载陈《录》。云“一卷，无名氏”。又一本名《择日撮要历》，大略皆同。建安徐清波宜翁云，其尊人尚书公应龙所辑，不欲著名。今予所得。即直斋著录之本也。外间绝未闻有传之者。以及砚石南宫米芾《砚史》一卷，每半叶十一行，每行廿字。白堤钱听默曰此山林拾遗之一种也。钱尝收得完本，今转徙，未详所归，书法道人陈思《书小史》十卷，每半叶十一行，每行廿字，宋椠起卷第六，其上以毛氏钞本补足。有天台谢愈修序，称道人趣尚（浙大四库本《书小史》作向）之雅，编类之勤云云，忘忧清乐《忘忧清乐集》，不分卷。板有上中下小数，行字不等。载足本《敏求记》中称为“《李逸民棋谱》二卷”，非也。《书录解题》云“《忘忧清乐集》一卷，棋待诏李逸民撰集”，即此。又考《读书志》云：《忘忧集》三卷，宋朝刘仲甫编。故此集首题曰，前御书院棋待诏李逸民重编也。上中下小数，岂记刘之旧第耶？特拈出正之，梅花喜神宋伯仁《梅花喜神谱》，不分卷。自《蓓蕾》以至《就实》，图形百，各系以五言断句。景定辛酉，金华双桂堂重锓此书，亦载足本《敏求记》。予辛酉北游，得之琉璃厂。伯仁，字器之，湖州人。《江湖小集》载其《雪岩吟草》，历官事行，大略可见。然世之知有此人此书者，鲜矣！其初刻在嘉熙戊戌者，今当不复可得，夷坚片甲残本《夷坚支甲》，每半叶十二行，每行廿三字，所存一至三，又七、八，凡五卷。又残本《支壬》，每半叶十行，每行十八字。所存三至十，凡八卷；《支癸》所存一至八，凡八卷。合两刻仅廿一卷而已。文惠元书，共四百二十卷。此缺损已甚矣，类说一鳞残本《类说》，每半叶十行，每行十六字，所存序及《仇池笔记》《遯斋闲览》《东轩笔录》而已。序末署“绍兴六年四月望日温陵曾慥引”。汲古《秘本目》云“宋板《类说》真本首册”，即此也。《读书志》：“六十卷。”莫不附骥而服上驷，在御而充下陈自“其余又有”以下，居士第其品于乙，故云尔也。揔无虑而算目，颇逾数而多闰通数所赋，不数重本，凡得百有九种。嗜遑遑其靡厌，挹兼箱于劣仅。驰香严与芳椒，思计日而取俊。范居室于卫荆，姑掩陋而一憋香严，吾友同郡周君锡瓒书屋名。其家宋椠，有残本《太平御览》等。芳椒，归安严君元照之堂也。君字九能，居士与之稔，为予言其宋椠《仪礼要义》等。右皆铭心绝品，为之形于梦寐者也。居士既成此赋，予旋得《御览》矣。又别得绍兴本《管子》、《洪氏集验方》、《秦隐君诗》、残本《幼幼新书》、《挥麈录前录》、残小字本《三苏文粹》、残本《续资治通鉴节要》、《皇朝中兴系年要录节要》、残本王逸注《楚辞》、卫湜《礼记集说》、钱佃本《荀子注》、残本《资治通鉴》、李善注《文选》、残本《东都事略》、《史载方》、《韩文考异》、李复言《续幽怪录》之属，凡数十种，倘符掩皕之颂，其请居士为后赋乎？皕，二百也，见《说文》。于是撰江夏之别录，汇无双而作囿。要择精而语详，竭两端于我叩。推尚友于延令，校名实之不售。置敏求以绝尘，肯卑之而或糅予思撰所藏书录，专论各本，以宋椠一、元椠二、毛钞三、旧钞四、杂旧刻五分列。今宋椠粗就矣。昔人书目，未有题以宋板者，有之，自延令季氏始，但其目后仍厕他刻，此区区之未尽惬心者也。《读书敏求记》，则凡宋元钞刻，杂糅并陈。又或骋其行文之便，一概略去弗言。致令不可识别，尤不能无憾耳。且其篷部福帙“福”即“副”二字，颜氏《匡谬正俗》详之矣，千积万赢，甄综近时，陶铸元明，亦尝云而仍之。至其遐稽幽讨，钚豪搠芒。测量中古，传闻汉唐，固已高而曾之。得其大，则存亡起废，憭惑条纷，炙毂贤路，拥彗圣门；得其小，则博物所效，多闻攸资，秘帐助谈，哄市立师。是故上彻下通，钜函细入，交读藏以成其善。此百宋之所以莫能及也存亡者，晦而仍出也。起废者，坏而复善也。憭惑者，疑而取决也。条纷者，乱而获理也。四者，居宋椠之大端矣！圣贤经传，乃赖之以不坠，其为用亦钜矣哉！故博物多闻，犹其小者耳。夫洞庭广乐，岂齐响于蛙咬，丰人杼首，焉偶形于幺麽。狂简不知所裁，识者烛其弗可。而况颠倒白黑，错乱是非。予兔园以徇曲，夺鸿宝以挟私。亦犹折衡而揣轻重，踣表而似高卑。必倍劳而倍拙，不足哈而足悲。用是略抒扬榷，粗陈梗概，冀苏重惿之久，迷请觉贴缪之常寐。倘欲极其精微，穷其博大，逐宇洞其症结，每篇断其凡最，钻孳卒业，竟寿毕世，非仆倦谈所能一二者也。居士之言未终，客乃气索神沮。手颓不能画，舌强不能语。忘乎其所诘，失乎其所据。敞罔靡徙，迁延而去。于是主人曰：“善！愿因笔墨，次第厥词，答难应间，终身诵之。”

始，予请居士撰《藏书赋》，在己未、庚申间，许而未为也。后以今名重请，迨甲子冬杪（嘉庆十年黄氏士礼居刊本本作“秒”，应误），此赋方就。时居士教读于庐州府晋江张太守所。又明年乙丑春，手书其稿见寄，及秋，居士以将往山东应孙渊如先生之招，而归家省母，然后行。适余注赋竟，遂仍相商榷，定之如右也。百宋一廛赋并注毕

赋二千六百四十字，注一万三千二百五十字。

【文本分析】

嘉庆七年（1802），黄氏迁居县桥，辟专室贮宋刻本书约百种，故名室“百宋一廛”。邀顾氏为其书作赋，黄氏自注之。于宋本之行款、字数、版本优劣、曾为某氏旧藏等，详加叙注，为书目之新式解题。书中常见“佞宋主人”“思适斋居士”之称，即黄、顾二位。黄丕烈作为清代最为重要的版本学家、藏书家之一，生前并未编写出一部反映自己全部藏书的目录，这篇《百宋一廛赋》无论在收录精品数量上还是注解上，都是一份较为具体的介绍其藏书精品的珍贵文献。后来黄丕烈和顾广圻二人绝交，因此这篇《百宋一廛赋》又成为反映二人昔日友谊的见证。

参考书目

［1］晁公武．郡斋读书志校证［M］．孙猛，校证．上海：上海古籍出版社，1990年．

［2］黄丕烈．士礼居黄氏丛书［M］．扬州：广陵书社，2010年．

［3］刘宝楠．论语正义［M］．北京：中华书局，1990年．

［4］陆德明．经典释文［M］．上海：上海古籍出版社，2013年．

［5］孟元老．东京梦华录［M］．王永宽，注译．郑州：中州古籍出版社，2010年．

［6］戚继光．止止堂集［M］．王熹，校释．北京：中华书局，2001年．

［7］《清代诗文集汇编》编纂委员会．清代诗文集汇编［M］．上海：上海古籍出版社，2005年．

［8］阮元．十三经注疏［M］．北京：中华书局，2018年．

［9］宋应星．天工开物［M］．上海：上海教育出版社，2022年．

［10］王钦若，等．册府元龟［M］．北京：中华书局，2012年．

［11］王祯．农书译注［M］．济南：齐鲁书社，2009年．

［12］永瑢，等．四库全书总目［M］．北京：中华书局，1965年．

［13］张金吾．爱日精庐藏书志［M］．上海：上海古籍出版社，2014年．

［14］张元济，等．四部丛刊［M］．初编：全461卷．北京：高等教

育出版社，2016 年.

［15］赵明诚. 金石录［M］. 上海：上海古籍出版社，2020 年.

［16］中华书局编辑部. 二十四史［M］. 北京：中华书局，2000 年.

［17］中华再造善本工程编纂出版委员会. 中华再造善本总目提要·金元编［M］. 北京：国家图书馆出版社，2013 年.

［18］中华再造善本工程编纂出版委员会. 中华再造善本总目提要·唐宋编［M］. 北京：国家图书馆出版社，2013 年.

［19］朱熹. 朱子全书［M］. 上海：上海古籍出版社，2010 年.

［20］祝穆. 方舆胜览［M］. 祝洙，增订. 施和金，点校. 北京：中华书局，2003 年.